Verlag Parkstraße

Bibliografische Information der Deutschen Nationalbibliothek

Die Deutsche Nationalbibliothek verzeichnet diese Publikation in der Deutschen Nationalbibliografie; detaillierte bibliografische Daten sind im Internet über http://dnb.d-nb.de abrufbar.

Titel: VeggieParty – Vegane Leckereien für Buffett, Brunch und Biergarten – Gemüse ist mein Fleisch, Band 3

Volker Eidems
Parkstraße 20
80339 München
www.verlag-parkstrasse.de

Layout und Illustrationen: Miro Poferl
Korrektorat: Nina Rehbach

Herstellung: Books on Demand GmbH, Norderstedt
ISBN: 978-3-941556-10-2

Torsten Mertz

Gemüse ist mein Fleisch **3**

Vegane Leckereien für Buffet, Brunch und Biergarten

INHALT

Tapas, Meze und Antipasti

Pizza, Wraps & Co

Salate

Saucen & Dips

BUFFET

Brot

TAPAS, MEZE
UND ANTIPASTI

Reispapierröllchen mit Ananasdip

1 *Salatgurke*
4 *Frühlingszwiebeln*
1 Block *Räuchertofu*
2 *Möhren*
8 Stiele *Minze*
1 *Ananas*
1 *Chilischote*
1 *daumengroßes Stück Ingwer*
12 *Reispapierblätter*
Salz und Pfeffer

Die Gurke schälen, längs halbieren und mit einem Löffel die Kerne entfernen. Die Gurkenhälften anschließend quer halbieren und in möglichst lange, dünne Streifen schneiden.

Frühlingszwiebeln putzen, waschen, trockenschütteln und der Länge nach vierteln. Tofu in Scheiben schneiden. Die Möhren putzen, waschen, schälen und längs in dünne Stifte schneiden. Die Minze waschen und trockenschütteln, Blätter abzupfen.

Für den Dip die Ananas schälen und den harten Strunk in der Mitte entfernen. Ananas grob zerkleinern. Chili entkernen und hacken, Ingwer schälen und hacken. Alles mithilfe eines Pürierstabs zu einem glatten Püree verarbeiten. Mit Salz und Pfeffer abschmecken.

Reispapierblätter ca. 5 Sek. in lauwarmes Wasser tauchen (im Waschbecken oder ineiner großen Schüssel) und dann einzeln auf der Arbeitsplatte auslegen.

Wenn die Reispapierblätter das Wasser komplett aufgenommen haben und sich biegen lassen, die Gurken- und Möhrenstreifen, den Tofu sowie die Minzblätter längs mittig auf den Blättern platzieren. Die Seitenteile der Reispapierblätter jeweils in die Mitte klappen, anschließend das untere Ende straff nach oben ziehen und das obere Ende über das untere legen, sodass eine Rolle entsteht.

Die Reispapierröllchen mit dem Ananasdip servieren.

KÜRBIS-KARTOFFEL-SCHIFFCHEN (ODER -ECKEN)

200 g *Kartoffeln*
2 *mittlere rote Zwiebeln*
1 *Knoblauchzehe*
120 g *Kürbis (ohne Kerne)*
Kräutersalz
Majoran
100 g *Naturtofu*
100 g *Räuchertofu*
20 g *trockenes Weißbrot*
1 EL *Stärke*
½ TL *Agavendicksaft*
30 ml *Pflanzenmilch*
1 EL *Hefeflocken*
20 g *Cashewnüsse*
80 g *Sojajoghurt*
1 Prise *Rosenpaprika*
1 Rolle *veganer Blätterteig (ca. 320 g)*
Petersilie
Salz und Pfeffer

Die Kartoffeln in Salzwasser vorkochen und 10 Min. abkühlen lassen, dann pellen. Zwiebeln und Knoblauch schälen. Zwiebeln halbieren und in dünne Halbringe schneiden. Knoblauch fein hacken. Kartoffeln und Kürbis in etwa fingerdicke Würfel schneiden.

Gemüse in 2–3 EL Olivenöl leicht anbraten, bis sich die Kartoffeln golden färben. Gut mit Kräutersalz, Pfeffer und etwas Majoran würzen und beiseitestellen.

Tofu und Brot grob würfeln. Zusammen mit Stärke, Agavendicksaft, Pflanzenmilch, Hefeflocken, Cashewnüssen und Sojajoghurt sowie Pfeffer, Salz und Paprikapulver in einen Mixer geben oder mit einem Kartoffelstampfer oder einer Gabel zu einer Creme verarbeiten.

Den Blätterteig ausrollen und in 16 Rechtecke schneiden. Die Tofucreme daraufstreichen und die Kartoffel-Kürbis-Mischung darauf verteilen.
Bei 200–220 °C Ober- und Unterhitze auf der mittleren Schiene 15–20 Min. backen (Umluft nicht empfehlenswert).

Tipp: Diese Schiffchen lassen sich auch sehr gut mit einem Hefeteig zubereiten.

16 Stück
ca. 55 Min.

ZUCCHINI ALLA SCAPECE

Frittierte Zucchini mit Minze

4	*schlanke Zucchini*
	Salz
2	*Knoblauchzehen*
12 Blätter	*frische Minze*
2 EL	*Weißweinessig*
4 EL	*Olivenöl*
	Schwarzer Pfeffer aus der Mühle
	Öl zum Frittieren

Zucchini in 1 cm dicke Scheiben schneiden, mit Salz bestreuen und 30 Min. ruhen lassen. Abspülen und mit Küchenpapier trocken tupfen. Knoblauch schälen und fein hacken. Minze fein hacken.

Öl erhitzen und Zucchini portionsweise goldbraun frittieren. Mit einem Schaumlöffel aus dem Öl nehmen und auf Küchenpapier entfetten.

Zucchini schichtweise auf eine Platte legen und auf jede Lage ein wenig Knoblauch, Minze und Pfeffer aus der Mühle geben. Mit Weißweinessig und Olivenöl beträufeln.

MANGOLD-PFANNKUCHEN-RÖLLCHEN

FERTIG IN 30 MIN

. 30 Stück
Minuten

250 g	*Weizenmehl*
½ TL	*Backpulver*
300 ml	*Wasser*
½ TL	*Salz*
3	*Zwiebeln*
500 g	*Mangold*
100 g	*gehackte Haselnüsse*
1 EL	*Gemüsebrühe oder Kräutersalz*
	Muskat
	Ajvar oder Tomatenpaste
	Olivenöl

Außerdem: Zahnstocher oder Partyspießchen

Weizenmehl und Backpulver mit Wasser und Salz anrühren, 15 Min. gehen lassen. In etwas Öl dünne Pfannkuchen ausbacken. Abkühlen lassen.

Zwiebeln fein würfeln. Vom Mangold harte Stängel abschneiden und aussortieren, zarte Stängel in ca. 2 cm lange Stücke schneiden. Haselnüsse in einer Pfanne trocken anrösten, bis sie leicht gebräunt sind.

Zwiebeln in Olivenöl goldgelb braten, Mangold dazugeben und ca. 10 Min. mitbraten, bis das Gemüse zusammengefallen ist und die Stängel weich sind. Mit Gemüsebrühe oder Kräutersalz und etwas Muskat würzen.

Mangold ganzflächig auf den Pfannkuchen verteilen, Haselnüsse darüberstreuen. Ajvar als Streifen im unteren Drittel auf den Pfannkuchen geben. Den Pfannkuchen so rollen, dass der Streifen in der Mitte liegt. Die Pfannkuchenröllchen jeweils in ca. 2–3 cm dicke Scheiben schneiden. Mit Zahnstochern oder Partyspießchen fixieren.

CHAMPIGNONS IN GRÜNER SAUCE

Champinones en salsa verde

Diese spanische Tapa serviert man am besten stilecht in flachen Terrakottaschalen. Die Zutaten für das schmackhafte Gericht sind das ganze Jahr über erhältlich.

8 *Knoblauchzehen*
1 Bund *glatte Petersilie*
100 ml *Weißwein*
½ *rote Chilischote*
1 kg *weiße Champignons*
100 ml *Olivenöl*
1 EL *Mehl*
Salz und Pfeffer

Knoblauchzehen abziehen und sehr fein hacken oder pressen. Petersilienblätter fein hacken. Ein Drittel des Knoblauchs und Petersilie mit dem Weißwein, etwas Salz und Pfeffer verrühren und zur Seite stellen.

Chilischote von Samen und Scheidewänden befreien und sehr fein hacken. Pilze putzen, größere halbieren oder vierteln. Restlichen Knoblauch bei schwacher Hitze in Olivenöl in einer gusseisernen Pfanne glasig braten. Pilze und Chili hinzufügen und bei starker Hitze so lange unter stetigem Rühren braten, bis die Pilze ihr Wasser abgegeben haben. Mit Salz und Pfeffer würzen und etwa 10 Min. weiter köcheln lassen, bis der Pilzsaft eingekocht ist. Gelegentlich umrühren.

Mehl über die Pilze streuen und gut unterrühren. Vom Herd nehmen und die Knoblauch-Petersilien-Sauce unter Rühren langsam hinzufügen. Alles noch einmal aufkochen und unter stetigem Rühren nochmals 5 Min. köcheln lassen, bis eine sämige Sauce entsteht. Schmeckt heiß am besten.

warm & kalt

Champignonköpfe CAPRESE

12 *große Champignons*
1 Kugel *veganer Mozzarella (100 g) z.B. Mozzarisella*
3 *mittelgroße Tomaten*
1 *Knoblauchzehe*
4 Stiele *frischer Basilikum*
1 *Limette*
Olivenöl
Salz und Pfeffer

Champignons mit einer weichen Bürste oder einem Tuch säubern. Die Stiele vorsichtig herausbrechen. Mozzarella in kleine Würfel schneiden. Tomaten aufschneiden, die Kerne entfernen und in feine Stücke schneiden. Knoblauchzehe abziehen und pressen oder fein hacken. Basilikumblätter abzupfen und fein hacken. Limette auspressen.

Käse, Tomaten, Knoblauch, Basilikum und Limettensaft mit etwas Olivenöl in einer Schüssel vermengen und mit Salz und Pfeffer abschmecken. Die Masse in die Champignonköpfe füllen.

Die gefüllten Champignons mit Olivenöl bepinseln und bei 180 °C auf einem Backblech oder in einer Auflaufform im Ofen garen, bis sie schrumpelig sind (etwa 25 Min.).

Eingelegte CHAMPIGNONS

2 Gläser
à 300 ml
ca. 15 Min.

60 g *getrocknete Tomaten*
500 g *kleine braune Champignons*
2 *Knoblauchzehen*
1 TL *schwarze Pfefferkörner*
2 EL *Olivenöl*
1 EL *Akazienhonig*
6 EL *Balsamico*
2 *Lorbeerblätter*
4 Zweige *frischer Rosmarin*
100 ml *heiße Gemüsebrühe*

Getrocknete Tomaten mit kochendem Wasser übergießen und 10 Min. einweichen lassen. Dann in feine Streifen schneiden. Pilze putzen, größere Exemplare längs halbieren. Knoblauch schälen und in dünne Scheiben schneiden.

Pilze, Knoblauch und Pfefferkörner mit Olivenöl in einer Pfanne ca. 6 Min. braten. Tomaten, Honig, Balsamico, Lorbeerblätter und Rosmarinzweige dazugeben, mit Gemüsebrühe ablöschen und 5 Min. köcheln lassen.

Pilze mit Sud und Gewürzen in verschließbare Gläser füllen, abkühlen lassen und kalt stellen. Die Pilze halten sich gekühlt ca. 5–6 Tage.

1 EL *Koriandersaat*
1 EL *Fenchelsaat*
50 g *schwarze Oliven*
1 EL *Pfefferkörner*
4 *Knoblauchzehen*
4 *Lorbeerblätter*
1 Prise *Zucker*
250 ml *Olivenöl*
12 EL *Weißweinessig*
150 g *Möhren*
150 g *Blumenkohl*
150 g *Kohlrabi*
Salz

Koriander- und Fenchelsaat in einer beschichteten Pfanne ohne Öl kurz rösten und in einem Mörser mit dem Schlegel leicht andrücken. Essig mit Koriandersaat, Fenchelsaat, Salz, Oliven, Pfefferkörnern, Knoblauch, Lorbeer und 1 Prise Zucker verrühren. Öl in einem Topf kurz erwärmen, dann mit dem Gewürzessig verrühren.

Von den Möhren das Grün abschneiden. Die Schale der Möhren abschaben oder mit einem Sparschäler dünn abschälen. Blumenkohl putzen und in kleine Röschen zerteilen. Kohlrabi schälen und in rund 3 cm lange dünne Stifte schneiden.

In kochendem Salzwasser den Blumenkohl 4–5, die Möhren 3–4 und den Kohlrabi 2–3 Min. bissfest garen. Mit der Schaumkelle herausnehmen und gut abtropfen lassen. Das Gemüse mit der Marinade mischen und mindestens 3–4 Stunden marinieren.

Lässt sich bis zu fünf Tage im Kühlschrank aufbewahren.

etwa 6 Portionen
ca. 40 Min. (+ 3–4 Std. Marinierzeit)

MARINIERTE Paprika

Den Ofen auf 240 °C (Oberhitze) vorheizen.

Die Paprikaschoten waschen, halbieren, putzen und mit der Hautseite nach oben auf ein mit Backpapier belegtes Backblech legen. Im Ofen backen, bis die Haut Blasen wirft. Aus dem Ofen nehmen, mit einem feuchten Tuch abdecken und einige Minuten abkühlen lassen. Die Haut abziehen und die Paprikahälften nochmals längs halbieren. Auf 8 vorbereitete Gläser (ausgespült mit kochendem Wasser) verteilen.

Die Knoblauchzehen schälen und grob hacken. Mit Petersilie, Pfeffer und Öl vermengen und über die Paprikaschoten gießen, sodass alles gut bedeckt ist. Gut verschließen.

1 kg *Paprikaschoten rot und gelb*
4 *Knoblauchzehen*
1 Msp. *Zitronenschale*
1 EL *frisch gehackte Petersilie*
1 TL *grob gemahlene oder gemörserte Pfefferkörner*
600 ml *Olivenöl*

Datteln im Auberginenjäckchen

2 *schlanke Auberginen*
10 EL *Walnussöl*
5 EL *Olivenöl*
1 EL *Sojasauce*
4 TL *geräuchertes Paprikapulver*
4 TL *Rauchsalz*
30 *Datteln ohne Kern*

Auberginen in ca. 3 mm dünne Scheiben schneiden. Breitere Scheiben längs halbieren.

Aus dem Öl, der Sojasauce, dem Paprikapulver und dem Rauchsalz eine Marinade anrühren. Die Auberginenscheibchen mit der Marinade einreiben und von beiden Seiten in der Pfanne gut anbraten. Dann je eine Dattel in eine Auberginenscheibenhälfte einrollen, gegebenenfalls mit einem Zahnstocher fixieren. Warm servieren.

30 Dattelhäppchen
ca. 15 Minuten

RIESENBOHNEN

AUS DEM OFEN (GIGANTES PLAKI)

500 g	*weiße Riesenbohnen (Jumbo-Bohnen)*
2	*mittelgroße Möhren*
2	*mittelgroße Zwiebeln*
2	*Knoblauchzehen*
10 EL	*Olivenöl*
500 g	*gehackte oder passierte Tomaten*
1	*kleinen Bund Petersilie*
1	*kleinen Bund Dill*
2 TL	*Paprikapulver*
1 TL	*Chilipulver*
	Salz und Pfeffer

Weiße Riesenbohnen 12 Stunden lang in Wasser einweichen. Sie sollen so lange Wasser ziehen, bis ihre Haut fast keine Falten mehr hat. Anschließend in 1,5–2 Liter frischem, siedendem Wasser etwa 1,5 Stunden köcheln lassen. Die Bohnen sind gar, wenn sie keine weißen Flecken mehr haben.

Währenddessen die Sauce vorbereiten: Möhren grob würfeln. Zwiebeln schälen und grob würfeln, Knoblauch abziehen und grob hacken. Gemüse in 5 EL Olivenöl kurz anbraten. Die Tomaten und etwa 500 ml Wasser hinzugeben. Mit rund 1 TL Salz und rund 2 TL Pfeffer würzen, aufkochen lassen und weitere 10 Min. bei geringer Hitze köcheln lassen.

Den Ofen auf 175 °C (Umluft) vorheizen.

Petersilie und Dill putzen und die Blätter abzupfen. Grob hacken und unter die Sauce heben. Wenn die Tomatensauce sehr stark eingedickt ist, nochmals ein Glas Wasser hinzugeben. Weitere 5 EL Olivenöl hinzufügen. Bohnen mit der Sauce in eine große Backform geben.
Im Ofen etwa 60 Min. garen.
Gigantes Plaki schmecken warm und kalt.

BABA GHANUSH
Auberginenpüree

3 *große Auberginen (ca. 900 g)*
2 EL *Tahin (Sesampaste)*
2 *Knoblauchzehen*
1 *Zitrone*
1 EL *Olivenöl*
3 EL *Granatapfelkerne*
2 EL *fein gehackte, frische, glatte Petersilie*
Salz und Pfeffer

Die Auberginen mit einer Gabel mehrfach einstechen und auf ein Backblech legen. Im auf 180 °C vorgeheizten Ofen knapp eine Stunde lang rösten und dabei von Zeit zu Zeit wenden.

Anschließend die Auberginen 2–3 Min. über einer kleinen Gasflamme rösten. Die Auberginen dabei mit einem Topflappen am Stiel festhalten und ständig drehen. Mit diesem nicht ganz einfachen Trick erhalten die Auberginen einen unnachahmlich rauchigen Geschmack.

Kurz abkühlen lassen, aufschneiden, das Fruchtfleisch herauslöffeln und in ein Sieb geben. Eventuell vorhandene Flüssigkeit ausdrücken. Knoblauch schälen und hacken, Zitrone auspressen und den Saft auffangen.

Auberginenfleisch mit Tahin, Knoblauch und Zitronensaft in einen Mixer geben und grob pürieren. Mit Salz und Pfeffer abschmecken.

In einen tiefen Teller füllen, dünn mit Olivenöl bedecken und mit den Granatapfelkernen und der gehackten Petersilie garnieren.

Tipp: Idealerweise werden die Auberginen auf einem offenen Holzkohlengrill gegart, um den gewünschten rauchigen Geschmack zu erzielen.

IMAM BAYILDI

türkisch: »Der Imam fiel in Ohnmacht«

etwa 6 Portionen
ca. 35 Min. (+ 45 Min. Backzeit)

- **3** *mittelgroße Auberginen*
- **4** *mittelgroße Zwiebeln*
- **4** *Fleischtomaten*
- **3** *grüne Spitzpaprika*
- **3** *Knoblauchzehen*
- **1–2** *Rispentomaten, in Scheiben geschnitten (zum Garnieren)*
- **1 Bund** *glatte Petersilie*
- **ca. 200 ml** *Natives Olivenöl Extra*
- **1 TL** *Zucker*
- *evtl. etwas Thymian*
- *Salz und Pfeffer*

Der Legende nach soll der Imam aufgrund des äußerst köstlichen Geschmacks so viel davon gegessen haben, bis er umfiel. Im Türkischen bedeutet »bayıldı« sowohl »entzückt« als auch »in Ohnmacht gefallen«. Daher also der Name.

Von der Schale der Auberginen der Länge nach 4–5 Streifen abschälen und dabei jeweils einen Streifen ungeschält lassen, so dass die Auberginen rundherum gestreift aussehen. Längs halbieren und mithilfe eines Löffels gleichmäßig aushöhlen. Etwa ½ cm Fruchtfleisch stehen lassen. Auberginenhälften in Salzwasser legen.

In der Zwischenzeit Zwiebeln fein würfeln oder in dünne Ringe schneiden, Fleischtomaten häuten und in kleine Würfel schneiden, Spitzpaprika ebenfalls würfeln, Knoblauch häuten und fein hacken, 1–2 Tomaten zum Garnieren in Scheiben schneiden, Petersilie fein hacken.

In etwas Olivenöl die Zwiebeln, den Knoblauch und die Spitzpaprika glasig braten. Anschließend Tomaten, Zucker, etwas Salz und Pfeffer zugeben und etwa 10 Min. bei schwacher Hitze mit halb geschlossenem Deckel schmoren lassen. Zum Schluss noch die Petersilie untermischen und nochmals mit Salz und Pfeffer abschmecken.

Die Auberginen aus dem Salzwasser nehmen, trockentupfen und in einer sauberen Pfanne in etwas Olivenöl von beiden Seiten etwa 10 Min. braten. Anschließend in eine flache Form geben und mit der Zwiebel-Tomaten-Mischung füllen. Mit einigen Tomatenscheiben garnieren und 6 EL Olivenöl darüber geben.

Im Backofen bei 150–180 °C etwa 45 Min. lang garen. Die ımam bayıldı schmecken kalt und warm.

SOJA-SCHASCHLIK-SPIESSE

60 g *Sojawürfel (trocken)*
1 l *heiße Gemüsebrühe*
250 g *bunte Paprika*
150 g *Zwiebeln*
6 EL *Olivenöl*
1 TL *Meersalz*
1 TL *frischer schwarzer Pfeffer*
1 TL *Paprikapulver (edelsüß)*
8 *Schaschlikspieße*

Die Sojawürfel 10-15 Min. in Gemüsebrühe einweichen, anschließend gut ausdrücken.

In der Zwischenzeit Paprika vierteln, Kerne und weiße Häutchen entfernen. Von den Zwiebeln die Haut abziehen. Gemüse danach in etwa gleich große Stücke schneiden.

Aus Olivenöl, Salz, Pfeffer und Paprikapulver eine Marinade herstellen.

Paprika, Zwiebeln und Sojamedaillons abwechselnd auf die Spieße stecken. In einem flachen Gefäß die Spieße mit der Marinade mischen und mindestens 1 Std. ziehen lassen.

Spieße in heißem Fett rundum knusprig braten. Die Spieße schmecken warm am besten.

heiß

KROSSE BUNTE Grillgemüse-Spieße

3	*schmale Zucchini*
je 1	*rote, gelbe und orangene Paprika*
16	*Schalotten*
32	*kleine Champignons*
32	*Oliven (ohne Stein)*
½	*Zitrone*
2	*Knoblauchzehen*
4–5 EL	*Olivenöl*
½ TL	*Chilipulver*
1 EL	*Kräuter der Provence (getrocknet)*
1 TL	*Meersalz*

Die Zucchini (ohne die Enden) in knapp 1 cm dicke Scheiben schneiden. Paprika entkernen, die Trennwände entfernen, in ca. 2 cm große Stücke schneiden. Schalotten schälen, Champignons putzen und jeweils halbieren. Das Gemüse abwechselnd auf die Spieße stecken.

Zitronenhälfte auspressen, Knoblauch schälen und hacken. Zitronensaft, Öl, Chilipulver und Kräuter verrühren. Nach Geschmack salzen.

Die Spieße in der Marinade mehrmals wenden und in einem flachen Gefäß etwa 2 Std. ziehen lassen.

Spieße auf dem Rost des Backofens, in einer Grillpfanne oder auch einer gewöhnlichen Pfanne grillen oder braten, bis die Spieße leicht angebräunt sind. Anschließend mit der restlichen Marinade bestreichen.

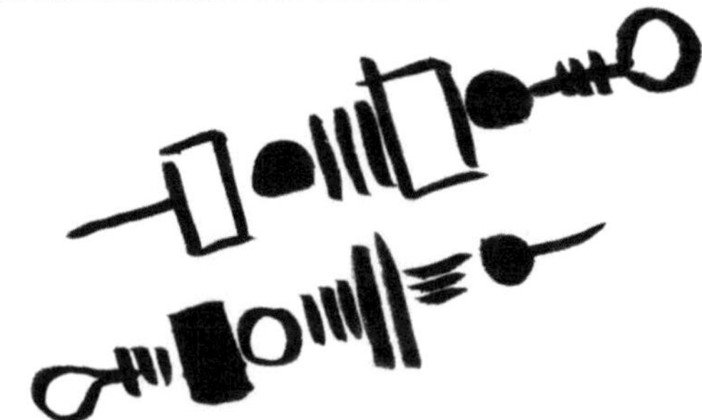

20 *dünne Lauchstangen*
130 ml *Olivenöl*
1 *mittelgroße weiße oder rote Zwiebel*
je 1 *kleine rote und grüne Paprika*
½ Bund *Petersilie*
100 g *Kapern*
100 g *Essiggurken*
2 *kleine grüne oder gelbe Tomaten*
50 ml *Weißweinessig*
Salz

Vom Lauch die Wurzelhaube und den grünen Teil entfernen. Stangen in gesalzenem Wasser mit etwas Olivenöl etwa 12 Min. kochen. Abgießen, abkühlen lassen und längs halbieren.

Zwiebel schälen, von den Paprikaschoten die Kerne entfernen, bei den Tomaten den Stielansatz entfernen, Petersilie waschen und trockenschütteln, die Stengel entfernen, Kapern und Essiggurken abgießen. Zwiebel, Paprika, Tomaten, Kapern, Essiggurken sowie Petersilie fein hacken. Mit Olivenöl und Essig vermischen und mit Salz abschmecken.

Lauch in eine flache Schüssel oder Form geben und mit Vinaigrette anrichten. Schmeckt lauwarm oder kalt.

LAUCH mit bunter Gemüsevinaigrette

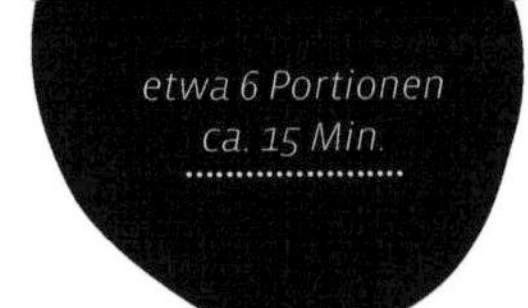

Gemüse im Bierteig

600 g	*Gemüse nach Wahl*
200 g	*Mehl*
200 ml	*Bier (alternativ kohlensäurehaltiges Mineralwasser)*
40 g	*zerlassene Margarine*
1,5-2 l	*Öl*
	Salz

Das Gemüse schälen und in kleine Stücke schneiden, Zwiebeln in dünne Ringe schneiden.

Mit einem Schneebesen Mehl mit Bier glattrühren. Die zerlassene Margarine untermischen.

Öl in einem Topf erhitzen. Die Zwiebelringe oder die Gemüsestücke nacheinander mit einer Gabel durch den Teig ziehen und im Öl goldgelb frittieren.

Die Stücke sollten warm verzehrt werden, bei ca. 70 °C im Backofen warm halten.

---

400 g	*Pimientos de Padron*
2	*Knoblauchzehen*
2	*Lorbeerblätter*
8 EL	*Olivenöl*
	Flor del Delta (spanisches Meersalz)

Eine gusseiserne Pfanne stark erhitzen. Olivenöl hineingeben und Pimientos mit 2 ungeschälten Knoblauchzehen und 2 Lorbeerblättern darin unter Rühren kurz scharf anbraten. Pimientos auf eine Platte geben, mit Flor del Delta bestreuen.

etwa 10 Portionen
ca. 5 Min.

Pimientos de Padron

PAKORAS

600 g *Gemüse nach Wahl (z.B. Kartoffeln, Süßkartoffeln, Möhren, Blumenkohl, Broccoli, Auberginen, Kürbis, Zwiebeln)*
250 g *Kichererbsenmehl*
1 TL *gemahlener Kreuzkümmel*
1 TL *Paprika edelsüß*
½ TL *Chilipulver (optional)*
1 TL *Ajowan (Königskümmel)*
1 TL *Garam Masala*
½ TL *Kurkuma*
1 ½ TL *Salz*
300 ml *Wasser*
Öl zum Frittieren

Das gewünschte Gemüse in mundgerechte Stücke schneiden.

Kichererbsenmehl mit Gewürzen, Salz und Wasser zu einem dickflüssigen Teig verrühren.

In einem Topf ausreichend Öl erhitzen. Das Gemüse in den Teig tauchen und portionsweise frittieren. Mit einem Schaumlöffel oder Sieb herausnehmen und abtropfen lassen.

Die Pakoras sollten warm verzehrt werden. Sie können im Backofen bei ca. 70 °C warm gehalten werden.

Pakoras sind ein beliebter Snack in Indien und werden oft an Straßenständen verkauft. Sie bestehen meist aus Gemüse, das in mundgerechten Stücken roh in einen Teig aus Kichererbsenmehl und Gewürzen getaucht und anschließend frittiert wird. Dazu reicht man Chutneys, Saucen oder auch einfach Ketchup.

CHORIZO-Brot-Spicker

1/3 *Baguette*
2 *vegane Chorizowürste oder andere würzige dünne »Salamis«*
2 *Knoblauchzehen*
Paprikapulver rosenscharf

Zahnstocher

Baguette in Würfel schneiden (ca. 1–2 cm). Chorizo in ca. 1 cm dicke Scheiben schneiden. Knoblauchzehen schälen, fein hacken und in reichlich Olivenöl anbraten. Die Brotwürfel dazugeben und anbraten. Dann die Wurstscheiben hinzugeben und weitere 2 Min. mitbraten. Sie brauchen nicht angebraten werden, sondern nur etwas aufgewärmt. Auf etwas Küchenpapier abtropfen lassen.

Je ein Stück Brot mit einer Wurstscheibe zusammen auf einen Zahnstocher spießen. Vor dem Servieren mit Paprikapulver bestreuen.

MIT PILZEN

400 g *Mehl (vorzugsweise Dinkel)*
200 g *Margarine*
3 EL *Zucker*
2 TL *Salz*
2 TL *Backpulver*
Wasser nach Bedarf

500 g *frische Pilze (z.B. Pfifferlinge)*
1 *mittelgroße Stange Lauch*
4 EL *Mehl*
4 EL *Margarine*
50–100 ml *Sojamilch*
2 TL *Hefeflocken*
evtl. 1 TL *Kala-Namak-Salz (Schwarzsalz)*
Öl
Kräutersalz und Pfeffer

Mehl, Margarine, Zucker, Salz, Backpulver mit so viel Wasser vermengen, dass beim Kneten mit den Händen ein homogener Teig entsteht. Teig etwa 30 Min. ruhen lassen.

Die Pilze putzen und ggf. kleinschneiden, vom Lauch das oberste grüne Ende sowie den Wurzelansatz abschneiden, den Lauch einmal längs halbieren, gut waschen und in schmale Ringe schneiden.

Lauchringe und Pilze zusammen ca. 10-15 Min. braten, bis die Pilze klein und weich und die Lauchringe glasig sind. Mit Salz und Pfeffer abschmecken.

4 EL Mehl und 4 EL Margarine verkneten und nach und nach mit Sojamilch zu einer dickflüssigen Sauce vermischen. Mit der Pilzmasse mischen, Hefeflocken und ggf. Kala-Namak unterrühren und noch einmal kräftig mit Kräutersalz und Pfeffer abschmecken.

Springform mit Margarine einfetten. Den Boden und die Wände der Springform mit Teig auslegen und mit Pilzmasse befüllen. Bei 180 °C (Ober- und Unterhitze) etwa 40 Min. backen.

Abkühlen lassen, in Kuchenstücke schneiden und servieren.

MAKi-Sushi

500 g *Sushi-Reis*
700 ml *Wasser*
70 ml *Reisessig*
1,5 EL *Zucker*
1 TL *Salz*
1 *kleine Salatgurke*
1 *kleine Möhre*
1 *Avocado*
2 EL *Wasabi-Pulver*
4 Blätter *Sushi-Nori*
2 EL *Sesam, geröstet*
Sojasauce
Sriracha (scharfe Chili-Sauce)
eingelegter Ingwer (Gari)

Außerdem:
Bambusmatte und scharfes Messer

Den Sushi-Reis zuerst waschen: Dazu den Reis in ein Sieb geben und unter fließendem Wasser 1–2 Min. waschen, bis das Wasser nicht mehr milchig ist. Dann den Reis in einen Topf geben, mit 700 ml Wasser ohne Salz und ohne Deckel zum Kochen bringen. Wenn der Reis kocht, die Herdplatte ausschalten, den Topf mit einem Deckel verschließen und den Reis etwa 15 Min. stehen lassen, bis das Wasser komplett aufgesogen ist. Probieren und sicherstellen, dass der Reis nicht mehr körnig ist.

In der Zwischenzeit den Reisessig mit Zucker und Salz gut verrühren. Den Reis in eine Schüssel geben, Essig-Mischung dazugeben und vorsichtig durchmischen. Dann etwa auf Körpertemperatur abkühlen lassen.

Gurke und Möhre gut waschen und in feine, längliche Streifen schneiden. Die Avocado halbieren und schälen, dann auch in dünne Streifen schneiden.

Wasabi-Pulver mit etwa 3–4 TL Wasser vermischen, bis eine eher flüssige Masse entstanden ist.

Die Noriblätter quer halbieren. Jeweils 1 Blatthälfte mit der glänzenden Seite nach unten so auf die Bambusmatte legen, dass die längere Seite des Blatts mit der Unterkante der Matte abschließt. Auf der unteren Hälfte ca. 0,5 cm hoch Reis verteilen und in der Mitte mit dem Daumen eine Furche ziehen. Die obere Hälfte frei lassen. In die Furche etwas Avocado, Gurke und Möhre (oder auch anderes Gemüse) hineinlegen, Sesam darüberstreuen. Zu einer Rolle formen, fast ganz einrollen, und den oberen Teil des Noris mit etwas Wasser bestreichen, dann komplett einrollen.

Gut zusammenpressen und auch außen mit etwas Wasser bestreichen. Beiseitelegen und etwa eine halbe Stunde ruhen lassen, dann mit einem sehr scharfen Messer in gleich große Stücke schneiden.

Dazu in kleinen Schälchen Wasabi, Sojasauce und eingelegten Ingwer reichen.

Tipp: Als Füllung eignen sich auch eingelegter Kürbis, eingelegte Pflaumen, Rucola, Tomate, Paprika, Räuchertofu etc. Der Fantasie sind keine Grenzen gesetzt.

AUBERGINEN-RUCOLA-Röllchen

etwa 30 Stück
ca. 40 Minuten

3 *schlanke Auberginen*
1 Glas *veganer Brotaufstrich (Tomate, Paprika oder Kräuter)*
3 Bund *Rucola-Blätter*
Olivenöl
Salz

Außerdem: Partyspieße oder Zahnstocher

Auberginen in ca. 7 mm dicke Scheiben schneiden. Gut einsalzen und ca. 20 Min. ziehen lassen. Salz unter fließendem Wasser abwaschen und die Auberginenscheiben mit Küchenpapier gut abtrocknen.

Auberginen in Olivenöl goldbraun braten und abkühlen lassen.

Anschließend jeweils auf das eine Ende der Auberginenscheibe 1 TL Aufstrich und quer ein paar Rucola-Blätter legen; die Blätter sollten ein wenig überstehen. Auberginen zusammenrollen und mit einem Spießchen fixieren.

HiRSE-SUSHi
mit Avocado und Gurke

120 g *Hirse*
1 EL *Reisessig*
1 TL *Agavendicksaft*
½ *Avocado*
1 EL *Zitronensaft*
50 g *Salatgurke*
4 Stängel *Koriandergrün*
2 *große Noriblätter*

Wasabi-Pulver
Sprossen zum Bestreuen
Sojasauce
eingelegter Ingwer (Gari)
Salz und schwarzer Pfeffer aus der Mühle

Außerdem:
Bambusmatte und scharfes Messer

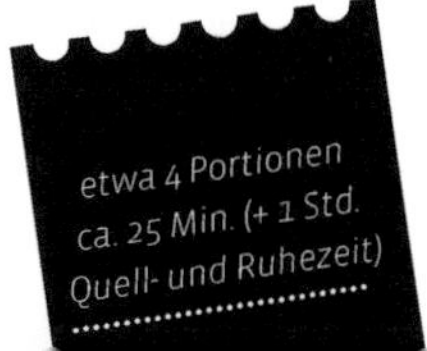

Die Hirse in einem Sieb heiß abwaschen und mit 250 ml leicht gesalzenem Wasser aufkochen. Nach 5 Min. vom Herd nehmen und zugedeckt ca. 20 Min. quellen lassen. Überschüssiges Wasser abgießen und abkühlen lassen. Reisessig und Agavendicksaft verrühren und untermischen. Die Hirse mit Salz abschmecken.

Die Avocado schälen, in feine Streifen schneiden und mit dem Zitronensaft beträufeln. Die Gurke waschen, halbieren, von den Samen befreien und in feine Streifen schneiden. Den Koriander waschen und trockenschütteln, die Blätter abzupfen und fein hacken.

Die Noriblätter quer halbieren. Jeweils 1 Blatthälfte mit der glänzenden Seite nach unten so auf die Bambusmatte legen, dass die längere Seite des Blatts mit der Unterkante der Matte abschließt. Mit feuchten Händen 1 EL Hirse auf dem Noriblatt verteilen, dabei oben einen 1 cm breiten Rand lassen.

In die Mitte quer einen Streifen Gurken- und Avocadostücke legen, mit Koriander und Pfeffer bestreuen. Mithilfe der Bambusmatte zu einer Rolle formen, von unten nach oben fast ganz einrollen, und den oberen Teil des Noris mit etwas Wasser bestreichen, dann komplett einrollen. Gut zusammenpressen, und auch außen mit etwas Wasser bestreichen. Auf diese Weise zwei Sushirollen herstellen.

Beiseitelegen und etwa ½ Std. ruhen lassen. In der Zwischenzeit Wasabi-Pulver mit etwa 3–4 TL Wasser vermischen, bis eine eher flüssige Masse entstanden ist. Sushirolle mit einem sehr scharfen Messer in gleich große Stücke schneiden. Mit den Sprossen garnieren und mit Sojasauce, Wasabi und Gari servieren.

80 g	*Suppengemüse (Möhre, Sellerie, Lauch)*
250 ml	*heiße Gemüsebrühe*
180 g	*Grünkernschrot (grob)*
½ Bund	*Petersilie*
½ Bund	*Dill*
2 EL	*Wasabi-Pulver*
1	*rote Paprika*
2	*gerade Salatgurken*
	eingelegter Ingwer (Gari)
	Öl

Suppengemüse fein würfeln und in etwas Öl anbraten. Grünkernschrot dazugeben und kurz zusammen anbraten. Dann heiße Gemüsebrühe dazugeben. Grünkernmischung gut verrühren und bei geringer Hitze 15–20 Min. quellen lassen. Anschließend abkühlen lassen.

Zwischenzeitlich Petersilie und Dill fein hacken. Paprika in ca. 3 cm lange dünne Streifen schneiden. Gurke waschen und mit Sparschäler oder Messer längs einige Streifen der Schale abschälen, sodass sich geschälte und ungeschälte Streifen abwechseln. Gurke in 2–3 cm dicke Ringe schneiden. Kerne und einen Teil des Fruchtfleisches entfernen, dabei einen Rand von ca. 1 cm Dicke stehen lassen.

Kräuter und Wasabi-Pulver unter den abgekühlten Grünkern geben (2 EL der Kräuter aufbewahren). Grünkernmasse in die Gurkenringe füllen. Die Hälfte mit dünnen Paprikastreifen und Kräutern, die andere Hälfte mit eingelegtem Ingwer garnieren.

für 15 Kroketten
ca. 35 Minuten

Tofu-Hirse-KROKETTEN

1 *Zwiebel*
1 EL *Rapsöl*
50 g *Hirse*
200 ml *Gemüsebrühe*
200 g *Räuchertofu*
1 EL *Sojasauce*
50 g *Haferflocken*
1 EL *Zitronensaft*
1 TL *Senf*
1 TL *Tomatenmark*
1 EL *Hefeflocken*
50 g *gehackte Haselnüsse*
Öl zum Braten
Kräutersalz und Pfeffer

Zwiebel würfeln und in Öl kurz anbraten, Hirse zufügen und mit heißer Gemüsebrühe aufgießen. Auf sehr kleiner Flamme ca. 20 Min. garen, bis die ganze Flüssigkeit aufgenommen ist.

Tofu zerbröseln oder fein hacken und mit der gegarten Hirse sowie den restlichen Zutaten (bis auf die Haselnüsse) in einer großen Schüssel vermengen. Mit einem Pürierstab zu einer homogenen Masse pürieren. Den Teig einige Minuten stehen lassen, damit die Haferflocken ausquellen können.

Gehackte Nüsse in einer Pfanne trocken anrösten, bis sie zu duften anfangen. Zur Teigmasse hinzugeben und diese kräftig mit Kräutersalz und Pfeffer abschmecken.

Mit angefeuchteten Händen ca. 2 cm dicke und 8 cm lange Röllchen formen. Reichlich Öl in einer beschichteten Pfanne erhitzen und die Röllchen rundum 8-10 Min. braten, bis sie überall knusprig braun sind. Aus der Pfanne nehmen und auf Küchenpapier legen, um das überschüssige Fett etwas abtropfen zu lassen. Heiß oder kalt genießen.

450 g	*geschälte und gespaltene gelbe oder rote Linsen (Dhal)*
1	*mittlere Zwiebel*
2	*Knoblauchzehen*
2	*rote Chilischoten*
3 cm	*Ingwer*
½ Bund	*Koriandergrün*
1 TL	*Backpulver*
1 EL	*Sesamöl*
	einige frische Curryblätter
	Kichererbsenmehl
	Öl zum Frittieren
	Salz

Die Linsen 1 Std. in Wasser einweichen. Danach gut abtropfen lassen.

Die Zwiebel und den Knoblauch abziehen und sehr fein würfeln. Chili entkernen und fein hacken. Ingwer schälen und reiben. Koriander und Curryblätter fein hacken.

Die eingeweichten Linsen mit den Chili-, Zwiebel- und Knoblauchwürfeln zu einem Brei pürieren (Pürierstab oder Küchenmaschine). Salz, Ingwer und Kräuter sowie Backpulver zur Linsencreme geben. Wenn die Masse zu weich ist, Kichererbsenmehl untermengen, bis der Teig sich gut formen lässt und nicht auseinanderfällt.

Sesamöl in einem Topf erhitzen. Aus dem Teig ca. 20 kleine Bällchen formen und mit einem Holzlöffel ein Loch in die Mitte bohren. Die Krapfen portionsweise in heißem Öl von jeder Seite rund 4 Min. frittieren, bis sie goldgelb sind. Zum Abtropfen auf Küchenpapier legen. Schmecken warm am besten. Dazu passen Dips aller Art.

etwa 20 Krapfen
ca. 35 Min.
(+1 Std. Einweichzeit)

Würzige LINSENKRAPFEN

GEFÜLLTE Weinblätter

250 g *eingelegte Weinblätter*
250 g *Zwiebeln*
4 *Frühlingszwiebeln*
150 ml *Olivenöl*
175 g *Rundkornreis*
2 EL *geröstete Pinienkerne*
½ Bund *Dill*
½ Bund *glatte Petersilie*
1 TL *getrocknete Minze*
Saft von 1–2 Zitronen
Salz und Pfeffer

etwa 8 Portionen
ca. 20 Minuten
(+ 1 Std. Kochzeit)

Die eingelegten Weinblätter sorgfältig abspülen und danach für 5 Min. in heißes Wasser legen, anschließend nochmals abspülen und auf einem Sieb abtropfen lassen. Die Zwiebeln schälen und fein würfeln. Die Frühlingszwiebeln putzen und fein schneiden.

3 EL Olivenöl in einem Topf erhitzen, Zwiebeln, Frühlingszwiebeln, Reis und Pinienkerne darin anschwitzen. Mit so viel Wasser auffüllen, dass der Reis gerade bedeckt ist, und mit Salz und Pfeffer würzen. Rund 5 Min. auf kleiner Flamme köcheln lassen. Anschließend über einem Sieb abgießen und abtropfen lassen.

In der Zwischenzeit Dill und Petersilie waschen, trockenschütteln und ganz fein hacken. Die abgetropfte Reismischung zusammen mit Dill, Petersilie und Minze in eine Schüssel geben. 8 EL Olivenöl und 5 EL Zitronensaft hinzufügen und unterrühren. Mit Salz und Pfeffer abschmecken.

Die Weinblätter mit der Oberseite nach unten auf eine Arbeitsplatte legen, eventuell Stiele entfernen. In die Mitte jedes Weinblattes 1 TL Füllung geben, die Seiten rechts und links einschlagen und locker aufrollen, da der Reis noch aufquillt. Die gefüllten Weinblätter mit der Nahtstelle nach unten nebeneinander in einen breiten Topf legen. Das restliche Olivenöl und den restlichen Zitronensaft darübergießen und mit so viel heißem Wasser auffüllen, dass alle Weinblätter bedeckt sind. Mit einem umgedrehten Teller beschweren. Den Topf mit einem Deckel verschließen und die gefüllten Weinblätter 50–60 Min. auf kleiner Flamme garen lassen. Anschließend im Topf noch etwas ziehen lassen und lauwarm oder kalt servieren.

125 g *Hirse*
250 ml *Gemüsebrühe*
1 *Zwiebel*
1 *Knoblauchzehe*
1 *rote Paprika*
5 EL *Kichererbsenmehl*
1 TL *Paprikapulver*
2 EL *Petersilie (fein gehackt)*
Öl zum Braten
Salz und Pfeffer

Die Hirse heiß waschen. Mit etwa der 3-fachen Menge Gemüsebrühe 7–10 Min. bei mittelstarker Hitze kochen. Anschließend rund 15 Minuten köchelnd ausquellen lassen. In einem Sieb abtropfen lassen.

Zwiebel und Knoblauch schälen und fein hacken. Paprika in sehr feine Würfel schneiden.

Hirse, Zwiebel, Knoblauch, Paprika und Kichererbsenmehl gut vermischen. Mit Paprikapulver, Petersilie, Salz und Pfeffer kräftig würzen. Je nach Konsistenz etwas Wasser oder auch weiteres Kichererbsenmehl hinzufügen. Die Masse soll sich gut formen lassen, ohne auseinanderzufallen.

Mit angefeuchteten Händen kleine flache Frikadellen formen, von beiden Seiten in reichlich Öl bei hoher Temperatur knusprig braten.

Die Frikadellen schmecken kalt und warm. Zum Warmhalten im Ofen bei etwa 60 °C aufbewahren. Kalte Frikadellen mit Cocktailtomaten und Cornichons garnieren und diese mit einem Partyspieß oder Zahnstocher feststecken.

Hirsefrikadellen

für etwa 10 Frikadellen
ca. 45 Min.

warm & kalt

Feine Gemüsebällchen

70 g *Erbsen, tiefgekühlt*
½ Bund *Petersilie*
½–1 *rote Chilischote*
3 *Knoblauchzehen*
1 *rote Paprika*
1 *große rote Zwiebel*
100 g *Zucchini*
150 g *Möhren*
1 EL *Olivenöl*
50 g *feine Haferflocken*
Salz und Pfeffer

Backofen auf ca. 200 °C vorheizen. Erbsen auftauen. Petersilie fein hacken. Chilischote entkernen und fein hacken.

Knoblauchzehen schälen, Paprika entkernen und die Häute entfernen, Zwiebel schälen. Paprika, Zwiebel, Zucchini und Möhren in grobe Stücke schneiden. Gemüse und Öl in eine große Schüssel geben und alles miteinander vermengen. Gemüsestücke auf ein mit Backpapier ausgelegtes Backblech geben und ca. 10–15 Min. im Backofen garen.

Gegartes Gemüse zurück in die Schüssel geben. Erbsen, Petersilie und Chili hinzugeben. Gemüse mit Pfeffer und Salz kräftig würzen und mit einem Pürierstab grob pürieren. Haferflocken unterheben. Ein paar Min. ziehen lassen.

Mit den Händen mundgerechte Bällchen aus dem Gemüseteig formen und auf das mit Backpapier ausgelegte Backblech legen. Etwa 15 Min. im Ofen weiterbacken. Die Bällchen schmecken warm und kalt.

20 g *Pistazienkerne*
3 Stiele *Minze*
4 Stiele *Petersilie*
2 Stiele *Liebstöckel*
ggf. 1 *Knoblauchzehe*
1 Dose *Kichererbsen (ca. 400 g)*
2 EL *Kichererbsenmehl*
2 EL *Semmelbrösel*
½ TL *gemahlene Koriandersaat*
Chilipulver
Öl zum Frittieren
Salz und Pfeffer

Pistazien grob hacken. Kräuterblätter von den Stielen zupfen und fein hacken. Knoblauch ebenfalls fein hacken. Kichererbsen abspülen und gut abtropfen lassen.

Kichererbsen, 1 TL Pfeffer, 1 TL Salz, Koriander und etwas Chilipulver in einem Blitzhacker fein mixen. Die Masse in einer Schüssel mit Pistazien, Kräutern, Semmelbröseln und Kichererbsenmehl verkneten. Eventuell etwas Wasser hinzufügen, damit ein gut formbarer, aber fester Teig entsteht.

Mit angefeuchteten Händen aus dem Teig kleine Kugeln formen. In reichlich Öl in einer beschichteten Pfanne erhitzen oder in einer Fritteuse frittieren, bis sie goldbraun sind.

PISTAZIEN-KRÄUTER-Kicherbällchen

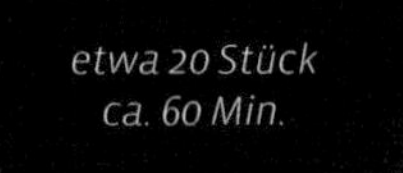

200 g	*Quinoa*
1	*mittelgroße Zwiebel*
2 EL	*Rapsöl*
½ TL	*grüne Currypaste (Fertigprodukt; aus dem Glas)*
½ Stange	*frisches Zitronengras*
½ TL	*gemahlener Koriander*
500 ml	*verträgliche Instant-Gemüsebrühe*
1	*mittelgroße Möhre*
½ Stange	*Lauch*
100 g	*Sonnenblumenkerne*
	Ei-Ersatz für 1 Ei
4 EL	*Haferflocken*
1–3 EL	*Kartoffelstärke (nach Bedarf)*
	Öl zum Braten
	Salz und Pfeffer

Quinoa in einem Haarsieb heiß abspülen, abtropfen lassen. Zwiebel schälen, klein würfeln. Das Öl in einem Topf erhitzen und die Zwiebel darin glasig dünsten. Currypaste, Zitronengras, Koriander und Quinoa zugeben, alles kurz anbraten, mit der Brühe ablöschen und aufkochen lassen. Nun zugedeckt bei mittlerer Hitze ca. 10 Min. quellen lassen.

Inzwischen die Möhre putzen, schälen und fein raspeln. Lauch putzen, längs halbieren, waschen und in feine Halbringe schneiden. Beides zum Quinoa geben, alles ca. 10 Min. weitergaren, dann abkühlen lassen. Das Zitronengras entfernen.

Sonnenblumenkerne sehr fein hacken. Ei-Ersatz nach Anweisung zubereiten und mit den Haferflocken, den gemahlenen und den Sonnenblumenkernen vermengen. Unter den Quinoa mischen. Den Teig pfeffern und salzen. Er muss mit den Händen formbar sein. Ist er zu flüssig, noch Kartoffelstärke dazugeben.

Aus dem Teig mit feuchten Händen etwa 20 Bratlinge formen. In einer Pfanne Öl erhitzen und die Bratlinge darin portionsweise je 6–8 Min. auf beiden Seiten knusprig braten.

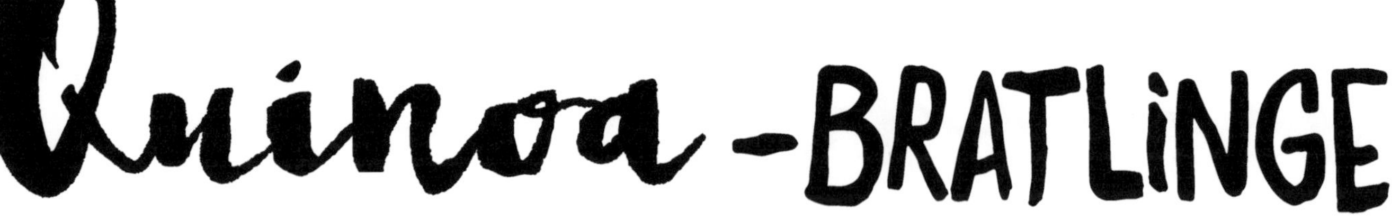

Linsen-Pfeffer-Bratlinge

etwa 12 Bratlinge
ca. 30 Min. (+ 8 Std. Einweichzeit)

200 g *grüne Linsen*
1 *mittelgroße Zwiebel*
1 *dünne Stange Lauch*
1 Stange *Staudensellerie*
2 *Möhren*
6 Stängel *glatte Petersilie*
3 EL *grüne, eingelegte Pfefferkörner*
40 g *Kichererbsenmehl*
50 g *Sesamsamen*
Olivenöl
Kräutersalz und Pfeffer

Linsen mindestens 8 Std. in Wasser einweichen. Dann in einem Sieb gut abtropfen lassen.

Zwiebel schälen und in feine Würfel schneiden. Lauch und Staudensellerie waschen und in Ringe schneiden. Möhren und Petersilienwurzel schälen und grob zerschneiden. Petersilie fein hacken.

Zwiebel, Lauch, Staudensellerie, Möhren, Petersilienwurzel, Linsen und Pfefferkörner pürieren. Das Kichererbsenmehl und die Petersilie hinzugeben, vermengen und mit ordentlich Kräutersalz abschmecken. Ggf. etwas Wasser hinzufügen, damit ein klebriger, formbarer Teig entsteht.

Aus der Masse mit angefeuchteten Händen kleine Bratlinge formen. In Sesamsamen wenden und bei mittlerer Hitze in Olivenöl von beiden Seiten ca. 10 Min. knusprig braten.

Die Bratlinge schmecken kalt und warm. Zum Warmhalten im Ofen bei etwa 60 °C aufbewahren.

SAMOSAS
* INDISCHE TEIGTASCHEN

6 Samosas
ca. 50 Min.

300 g *Kartoffeln*
100 g *Blumenkohl*
40 g *frische oder Tiefkühl-Erbsen*
1 *mittelgroße Zwiebel*
1 *kleine Knoblauchzehe*
5 g *frischer Ingwer*
3 TL *Garam Masala*
1 TL *gemahlener Kreuzkümmel*
1 TL *gemahlener Koriander*
½ TL *gemahlene Kurkuma*
½ TL *Cayennepfeffer*
150 ml *Wasser*
1–2 TL *Salz*

Dazu passen die Chutneys aus diesem Buch.

Kartoffeln in Salzwasser je nach Größe 20 Min. bis eine halbe Stunde lang gar kochen. Falls Tiefkühlerbsen verwendet werden, diese in der Zwischenzeit antauen lassen. Kartoffeln abgießen, leicht abkühlen lassen, pellen und in feine Würfel schneiden.

Blumenkohl putzen, waschen und in sehr kleine Röschen teilen. Zusammen mit den Erbsen bei geschlossenem Topf in kochendem Salzwasser bei schwacher Hitze 3–4 Min. garen.

Zwiebel und Knoblauch schälen und fein würfeln, Ingwer schälen und fein hacken.

In einer großen Pfanne mit etwas Öl die Zwiebeln bei mittlerer Hitze 3 Min. glasig dünsten. Knoblauch und Ingwer zugeben und 2 Min. mitdünsten. Garam Masala, Kreuzkümmel, Koriander, Kurkuma und Cayennepfeffer zugeben und nochmals 1–2 Min. leicht braten. Mit Wasser ablöschen, anschließend Kartoffeln, Erbsen und Salz zugeben und gut mischen. Kurz bei geringer Hitze ziehen lassen, dann vom Herd nehmen und abkühlen lassen. Die Kartoffelmasse darf eine weiche Konsistenz haben, sollte aber nicht flüssig sein. Die Masse vollständig abkühlen lassen.

Mehl, Salz, Öl und Wasser in einer Rührschüssel vermengen und mit dem Knethaken eines Handrührgeräts oder mit den Händen 10 Min. kräftig kneten, so dass ein geschmeidiger Teig entsteht. Gut 15 Min. ruhen lassen.

Teig in 6 gleich große Portionen teilen und mit bemehlten Händen zu Kugeln formen. Teigkugeln auf wenig Mehl rund ausrollen (à ca. 18 cm Ø). Teigkreise halbieren, die Ränder mit Wasser bestreichen.

Teighälften zu Tüten falten und jeweils 1–2 EL Gemüsefüllung hineingeben. Öffnung zusammendrücken. Nochmal 1 EL Füllung hineingeben, die letzte Naht ebenfalls befeuchten und fest zusammendrücken. Auf diese Weise 12 Täschchen formen.

Öl in einem weiten Topf auf ca. 180 °C erhitzen. Samosas portionsweise goldgelb frittieren, dabei einmal wenden. Mit einem Schaumlöffel oder einer Küchenzange herausheben, auf Küchenpapier abtropfen lassen.

Panir selbst gemacht – INDISCHER FRISCHKÄSE

Panir ist der klassische indische Frischkäse. Er wird im Rezept »Spinat-Panir-Bratlinge« auf der kommenden Seite gebraucht, lässt sich aber auch prima grillen und braten.

2 l *Sojamilch*
2 *Zitronen*
2 EL *Salz*

Außerdem: 1 Sieb, 1 sauberes Küchenleinen oder ein feinmaschiges Käsetuch

Zitronen auspressen, den Saft auffangen. Sojamilch in einem großen Topf erhitzen. Zitronensaft und Salz hinzugeben, mit der Sojamilch für etwa 5–10 Min. aufkochen lassen, umrühren. Der Zitronensaft lässt die Sojamilch gerinnen.

Ein Sieb mit 3–4 Lagen Küchenleinen auslegen. Die geronnene Sojamilchmischung langsam durch das Sieb abgießen, die feste Masse auffangen und im Tuch abkühlen lassen. Die Käsemasse mit dem Tuch zusammendrücken, möglichst viel Flüssigkeit auspressen; hierzu die Enden des Tuchs fest zusammendrehen. Je mehr Flüssigkeit die Masse verliert, desto fester wird das Ergebnis. In einem zusammengeknoteten Tuch lässt sich der Panir auch zwischen zwei Küchenbrettern und mit Gewichten beschwert entwässern. Wenn der Käse keine Molke mehr abgibt, in Frischhaltefolie wickeln und im Kühlschrank für einige Stunden oder über Nacht ruhen lassen.

Tipp: Würziger wird der Käse, wenn man mit dem Salz 2 TL indische Gewürze (Garam Masala) hinzugibt.

SPINAT-PANIR-Bratlinge

3 *Knoblauchzehen*
5 cm *Ingwer*
½ Bund *Koriandergrün*
100 g *gekochte Kartoffeln*
½ *Zitrone*
200 g *veganer Panir (Rezept S. 43)*
1 *grüne Chilischote (Schärfe nach Geschmack)*
½ TL *Garam Masala*
½ TL *Korianderpulver*
½ TL *Kreuzkümmelpulver*
½ TL *Kurkuma*
100 g *Spinat, tiefgekühlt*
50 g *Kichererbsenmehl*
1 TL *Backpulver*
Chilipulver
Öl zum Braten
Salz und Pfeffer

Knoblauch abziehen und fein hacken oder pressen, Ingwer schälen und reiben, Korianderblätter abzupfen und fein hacken, gekochte Kartoffel zerdrücken. Zitronenhälfte auspressen, Saft auffangen. Panir auf einer groben Reibe reiben oder mit den Fingern zerkrümeln.

3 TL Öl in einem Topf erhitzen. Knoblauch, Ingwer und Chili zugeben und etwa 5 Min. anbraten. Die restlichen Gewürze dazugeben und 1–2 Min. mitbraten. Dann den Spinat zugeben, die Hitze reduzieren und zugedeckt garen, bis der Spinat aufgetaut ist. Bei offenem Topf weitergaren, bis die Flüssigkeit verdampft ist. Abkühlen lassen und anschließend auf einem Brett mit einem Messer mittelfein hacken.

Zerdrückte Kartoffel, Spinatmasse, Panirkrümel, Koriander, Kichererbsenmehl, Backpulver und Zitronensaft in eine Schüssel geben, alles gut vermengen und mit Salz, Pfeffer und Chilipulver würzen. Aus der Masse mit den Händen kleine Bratlinge formen. Diese für mindestens 30 Min. abgedeckt in den Kühlschrank stellen.

Reichlich Öl in einer großen Pfanne erhitzen und die Bratlinge darin von jeder Seite etwa 5–6 Min. braten, bis sie braun und kross geworden sind.

Im Backofen warm halten oder kalt servieren. Kalte Bratlinge mit dünn geschnittenen roten Paprika- oder auch Mangoschnitzen garnieren und diese mit einem Partyspieß oder Zahnstocher feststecken.

Mücver GEMÜSEPUFFER

3 *mittelgroße Zucchini (ca. 500 g)*
2 *mittelgroße Möhren*
2 *mittelgroße Kartoffeln*
1 *Gemüsezwiebel*
2 *Knoblauchzehen*
1 *Handvoll Petersilie*
½ TL *Curry oder Kreuzkümmel*
1 TL *Salz*
250 g *Mehl (z.B. Dinkelmehl 630)*
100 ml *Öl zum Frittieren*

Zucchini, Möhren, Kartoffeln, Zwiebel reiben und in eine Schüssel geben.

Knoblauchzehen hineinpressen, Petersilie fein hacken und hinzufügen. Curry und Salz hinzufügen und die Gemüsemischung gut mischen.

Mehl hinzufügen und das Ganze zu einem Teig verarbeiten.

Das Öl in die Pfanne geben und erhitzen. Gemüsepuffer mithilfe eines Löffels portionieren, in die Pfanne geben und flachdrücken. Puffer auf mittlerer Temperatur goldgelb braten.

etwa 20 Portionen
ca. 25 Min.

Auberginen-Wildreis-KUGELN

400 g *Wildreis*
4 *Auberginen*
2 *Schalotten*
2 *Knoblauchzehen*
2–3 Stängel *Petersilie*
5 EL *Olivenöl*
7–8 EL *Paniermehl*
2 EL *Limettensaft*
Salz und Pfeffer aus der Mühle

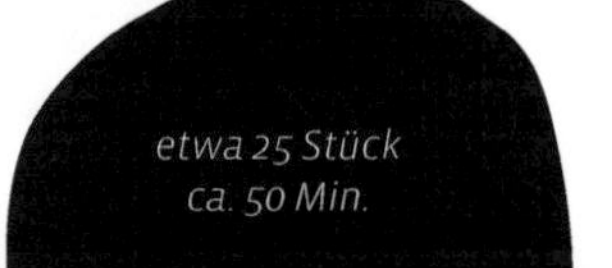

Den Reis in Salzwasser ca. 35 Min. gar kochen. Abgießen und abkühlen lassen.

In der Zwischenzeit den Backofen auf 200 °C (Ober- und Unterhitze; Umluft 180 °C) vorheizen. Die Auberginen waschen, abtrocknen und mit einer Gabel mehrmals einstechen. Im Ofen auf mittlerer Schiene rösten, bis die Haut Blasen wirft, runzelig wird und sich das Fruchtfleisch weich anfühlt (ca. 20 Min.).

Anschließend etwas abkühlen lassen, dann die Haut der Aubergine abziehen und den Stielansatz entfernen. Das abgekühlte Fruchtfleisch mit einer Gabel zu einer Paste zerdrücken.

Die Schalotte und den Knoblauch schälen und fein hacken. Petersilie ebenfalls fein hacken. Mit dem Öl, dem Paniermehl sowie dem Reis unter die Auberginenmasse mengen, bis eine formbare Masse entstanden ist. Mit Limettensaft, Salz und Pfeffer abschmecken. Kleine Bällchen formen.

Mit Kirschtomaten, Gürkchen oder Limettenscheibchen auf Zahnstochern servieren.

6 *rote Zwiebeln*
2 *Knoblauchzehen*
2 *rote (oder eine rote und eine gelbe) Paprika*
1–2 Bund *Petersilie*
200 g *Mehl*
½ l *ungesüßte Pflanzenmilch*
Paprikapulver

Paniermehl und Sojasahne
Olivenöl
Salz und Pfeffer

Zwiebeln, Knoblauch und Paprika in feine Stücke schneiden. Mit 4 EL Öl in einem kleinen Kochtopf oder einer Pfanne bei mittlerer Temperatur glasig dünsten. Das Mehl zufügen und unter kräftigem Rühren hell anschwitzen. Pflanzenmilch dazugeben und kräftig weiter rühren, bis ein glatter dicker Brei (eine Béchamelsauce) entsteht. Vom Herd nehmen und abkühlen lassen.

Die Petersilie fein hacken, unter die Béchamelsauce mischen und kräftig mit Salz, Pfeffer und Paprikapulver würzen. Die Masse in eine leicht eingefettete Auflaufform geben und glatt streichen. Mit Frischhaltefolie abdecken und etwa 2 Std. in den Kühlschrank stellen, bis die Masse gut durchgekühlt ist.

Zwei tiefe Teller bereitstellen. In den einen Paniermehl füllen, im zweiten Sojasahne mit Salz und Pfeffer verrühren.

Aus der gekühlten, festen Masse rund 25 Kroketten formen. Diese in Paniermehl, dann in der Sojasahne und dann noch einmal in Paniermehl wenden. In einer beschichteten Pfanne reichlich Olivenöl erhitzen. Die Temperatur dann auf mittlere Stufe zurückschalten. Die »Croquetas« unter mehrmaligem Wenden goldbraun frittieren und möglichst noch heiß servieren.

SPANISCHE KROKETTEN

etwa 15 Croquetas
ca. 40 Min.
(+ mind. 2 Std. Kühlzeit)

KNUSPRIGE Kürbis-Tofu-Röllchen

200 g	*Hokkaido-Kürbis (ohne Kerne und Stiel)*
2 TL	*Thymian, getrocknet*
1	*mittelgroße Zwiebel*
250 g	*Tofu*
2 TL	*Paprikapulver*
1	*mittelgroße Möhre*
½ Bund	*Petersilie*
4 EL	*Pflanzenmilch*
6 EL	*Paniermehl*
1–2 EL	*Zitronensaft*
1 EL	*Hefeflocken*
2 EL	*Kichererbsenmehl*
2 TL	*Kreuzkümmelpulver*
3 EL	*feiner Grünkernschrot*
	Olivenöl
	Salz und Pfeffer

Kürbis schälen, in Scheiben schneiden und in einer Auflaufform mit 1 TL Thymian, Salz und Pfeffer bestreuen und mit Olivenöl beträufeln. Bei 180 °C Ober- und Unterhitze ca. 20 Min. goldbraun backen. Alternativ den Kürbis in einer Pfanne bei mittlerer Hitze garen.

Die Zwiebel fein würfeln und in Olivenöl bei mittlerer Hitze 5 Min. glasig dünsten. Die Hälfte des Tofu mit einer Gabel zerdrücken, zu den Zwiebeln geben und bei hoher Temperatur nochmals etwa 5 Min. braten. Mit Salz, Pfeffer und 1 TL Paprikapulver kräftig abschmecken und vom Herd nehmen.

Die zweite Hälfte des Tofu würfeln. Möhre fein reiben. Kürbis mit einer Gabel zerdrücken. Petersilie waschen, abschütteln und die Blätter hacken.

Tofu, Möhre und Kürbis mit Pflanzenmilch, Paniermehl, Zitronensaft, Hefeflocken, Kichererbsenmehl und den übrigen Gewürzen in einem Mixer pürieren. Petersilie hinzugeben. Mit Salz und Pfeffer kräftig abschmecken.

Beide Tofu-Mischungen mit Grünkernschrot gründlich vermengen. Ggf. weitere Pflanzenmilch oder auch Paniermehl zugeben. Der Teig soll sich gut formen lassen, ohne auseinanderzufallen. Rund 20 Röllchen oder Kugeln formen und in reichlich Olivenöl bei mittlerer bis hoher Hitze rund 10–12 Min. ausbacken, bis sie kross, aber nicht zu dunkel sind.

etwa 20 Stück
ca. 60 Min.

SAFTIGE Zucchiniröllchen

3 *schmale, möglichst gerade Zucchini*
2–3 EL *scharfes Ajvar (Paprikapaste)*
15–20 *kernlose Oliven*
Balsamico bianco
Rosmarin, Thymian, Chiliflocken
Olivenöl
Salz

Zahnstocher

Die Zucchini längs in dünne Streifen schneiden, am besten mit einem Sparschäler oder Gemüsehobel. Salzen und in Olivenöl von beiden Seiten etwa 5 Min. braten, bis sie leicht Farbe annehmen. Auf einen flachen Teller etwas Balsamico bianco geben und die gebratenen Zucchinistreifen damit benetzen.

Auf die Oberseite der Zucchinistreifen etwas Ajvar streichen. Auf das eine Ende je eine Olive legen und die Zucchini um die Olive aufrollen. Auf Zahnstocher stechen.

Die fertigen Röllchen mit gehacktem Rosmarin und Thymian sowie etwas Chili bestreuen.

Sie können die Zucchinischeiben alternativ oder zusätzlich um scharf angebratene Tofustücke wickeln.

etwa 20 Röllchen
ca. 20 Min.

Empanadillas

MIT THUNFISCHFREIER FÜLLUNG

etwa 20–24 Stück
1 Std. 10 Min. (+ 45 Min. Kühl- und Backzeit)

1 geh. TL *Kreuzkümmelsaat*
Salz
100 ml *Weißwein*
100 ml *Wasser*
50 g *vegane Butter (Alsan)*
300 g *Weizenmehl (Type 550)*
Mehl zum Ausrollen

1 *Zwiebel*
2 *Knoblauchzehen*
1 Dose *stückige Tomaten*
50 g *Oliven ohne Stein*
1 EL *Kapern*
Paprikapulver
½ l *Olivenöl*

Für den Teig Kreuzkümmel in einer Pfanne ohne Fett rösten, bis er zu duften beginnt. Etwas abkühlen lassen, mit 1 TL Salz (gestrichen) im Mörser mittelfein zerstoßen.

Weißwein, Wasser, vegane Butter und Kreuzkümmel-Salz in einen Topf geben und erhitzen, bis die Margarine geschmolzen ist. Vom Herd nehmen und das Mehl dazugeben. Rasch und kräftig verrühren, damit sich keine Klümpchen bilden. Zu einem geschmeidigen Teig verkneten und mindestens 30 Minuten kalt stellen.

Für die Füllung Zwiebel und Knoblauch schälen und fein würfeln. In etwas Olivenöl erst die Zwiebel und dann auch den Knoblauch glasig dünsten. Tomaten dazugeben, kochen lassen, bis die meiste Flüssigkeit verdunstet ist. Oliven hacken, Kapern zerdrücken und hinzugeben. Mit Paprikapulver, Salz und Pfeffer abschmecken.

Teig auf der leicht bemehlten Arbeitsfläche 3 mm dünn ausrollen. Mit einem Glas Plätzchen von etwa 12 cm Durchmesser ausstechen, diese mit der mehligen Seite nach unten auf ein mit Backpapier belegtes Backblech legen. Restlichen Teig zusammenkneten und erneut ausrollen. Wieder Plätzchen ausstechen. So fortfahren, bis der gesamte Teig aufgebracht ist. Es sollten etwa 20–25 Stück werden.

Je 2 gehäufte TL Füllung in die Mitte der Plätzchen geben und zu Halbmonden zusammenklappen. Ränder mit einem Pinsel anfeuchten und mit einer Gabel gut zusammendrücken.

Olivenöl in einer Pfanne erhitzen – es sollte mindestens 1 cm hoch in der Pfanne stehen. Die Empanadillas zu mehreren nacheinander im Öl ausbacken.

Sie schmecken lauwarm oder kalt. Sie können am Vortag zubereitet werden und auf einem Backblech im vorgeheizten Backofen bei 100 °C kurz aufgebacken werden.

Tipp: Beim Ausrollen so wenig Mehl wie möglich verwenden, besser den Teig immer etwas auf der Unterlage bewegen.

MAIS-ERDNUSS-KUGELN

MIT SALSA MEXICANA

etwa 15 Kugeln
ca. 25 Min. (+ mind. 1 Std. Kühlzeit)

150 g *Erdnusskerne, geschält*
330 g *Mais aus Glas oder Dose*
1 *Zwiebel*
100 g *Weizenmehl*
50 g *Soja-, Erbsen- oder Kichererbsenmehl (oder Weizenmehl)*
1 TL *Petersilie, gehackt*
Salz
ca. 4 EL *Wasser*
Öl zum Frittieren

250 g *reife Tomaten*
60 g *Zwiebeln*
1 *Knoblauchzehe*
½ EL *frische Korianderblätter (oder Petersilie)*
1 *Chilischote (z.B. eingelegte Jalapeño-Chili)*
1 TL *Limetten- oder Zitronensaft*
1 EL *Olivenöl*
Salz, schwarzer Pfeffer, Zucker

Erdnüsse grob mahlen (z.B. im Mixer). Die Zwiebel und die Petersilie fein hacken.

Erdnüsse, Zwiebel, Petersilie, Mais und Mehl in einer Schüssel verrühren und mit Wasser zu einem Teig kneten. Mit 1 EL Salz würzen, wenn ungesalzene Erdnüsse verwendet werden.

Das Öl in einem Topf, einer tiefen Pfanne oder der Fritteuse auf etwa 180–190 °C erhitzen. Aus dem Teig Kugeln formen und knusprig frittieren.

Für die Salsa Tomaten mit der Schale in kleine Würfel schneiden. Zwiebel und Knoblauch hacken. Koriander und Chili fein schneiden. Alle Zutaten in einer Schüssel verrühren. Zitrussaft hinzugeben und mit Salz und Zucker abschmecken. Mindestens eine Stunde kühlen.

Tipp: Die Sauce kann auch am Vortag zubereitet werden. Sie sollte aber unbedingt gekühlt werden.

KROSSE BUNTE Kartoffelchips

500 g *festkochende, bunte Kartoffeln*
1 l *Öl zum Frittieren*
grobes Meersalz
frisch gemahlener Pfeffer
Paprikapulver rosenscharf
Chilipulver nach Geschmack

Kartoffeln mit der Schale gut waschen. Auf einem Gemüsehobel in möglichst dünne Scheiben raspeln. In einer Schüssel mit Wasser die Stärke von der Oberfläche der Kartoffeln abwaschen. Ggf. das Wasser solange wechseln, bis es klar bleibt. Im Anschluss die Kartoffelscheiben gut abtrocknen, z. B. zwischen zwei Geschirrtüchern.

3–4 cm hoch Öl in einen breiten Topf oder eine Fritteuse füllen und auf 160–180 °C erhitzen. Die Kartoffelscheiben mit einer Schaumkelle portionsweise ins Fett legen. Dabei ab und zu mit der Schaumkelle vorsichtig wenden und unter das Fett drücken. Fertig sind die Kartoffelchips, wenn sie aufgeplustert und leicht gebräunt sind. Mit der Schaumkelle herausnehmen und das Fett auf einem Küchenpapier oder Küchentuch kurz abtropfen lassen.

Mit Meersalz und frisch gemahlenem Pfeffer sowie Paprikapulver würzen, dabei in einer Schüssel gut schütteln, damit sich die Gewürze gut verteilen. Die Chips schmecken am besten, wenn sie frisch und noch warm sind.

Tipp: Chips lassen sich auch gut im Backofen zubereiten – das spart Öl und damit Kalorien. Dazu die Kartoffel- oder Gemüsescheiben in einer Schüssel mit Öl, Salz und Gewürzen (Salz, Pfeffer, Chili, Paprika) am besten mit den Händen vermischen und dafür sorgen, dass die Gewürze sich gut verteilen. Dann mit Backpapier auf dem Backblech auf unterer Schiene im Backofen bei rund 200 °C rund 15–20 Min. rösten, bis sie die gewünschte Knusprigkeit erreicht haben. Wenn Sie den Backofen hin und wieder kurz öffnen, kann die Feuchtigkeit entweichen.

VARiANTE 1: Gemüsechips

500 g *gemischtes Gemüse*

Statt der Kartoffeln – oder zusätzlich – schmeckt Wurzelgemüse (rote oder gelbe Bete, Pastinaken, Petersilienwurzel, Möhren, Knollensellerie) hervorragend.

500 g Gemüse schälen, je nach Größe halbieren oder vierteln und mit Sparschäler oder Gemüsehobel in 1–2 mm dünne Scheiben schneiden.

Röstvorgang siehe Kartoffelchips

VARiANTE 2: Kochbananenchips

2 *grüne Kochbananen*
Öl zum Frittieren
Paprikapulver
Salz und Pfeffer

Backofen auf 180 °C vorheizen. Die Banane schälen und in dünne Scheiben schneiden. Die Scheiben in eine Schüssel geben, etwas Olivenöl sowie Salz, Pfeffer und Paprikapulver darübergeben und miteinander vermengen.

Bananenscheiben auf einem mit Backpapier ausgelegten Backblech verteilen, anschließend 10 Min. bei 180 °C backen. Das Blech aus dem Ofen nehmen, die Chips wenden und noch einmal etwa 5 Min. knusprig rösten.

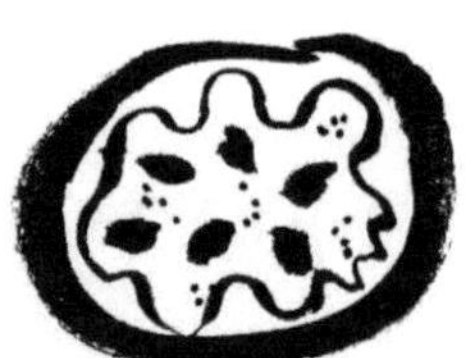

PIZZA, WRAPS & CO.

HERZHAFTE Blätterteigtaschen MIT MANGOLD UND RÄUCHERTOFU

für 16 Stück
ca. 30 Min.
(+ 20 Min. Backzeit)

2 Platten *veganer Blätterteig (aus dem Kühlregal, Zimmertemperatur)*
1 *Zwiebel*
2 *Knoblauchzehen*
150 g *bunter Mangold*
1 *große Tomate*
100 g *Maiskörner (aus der Dose)*
3 EL *Olivenöl*
100 g *Räuchertofu, gewürfelt*
1 EL *Gomasio (gerösteter Sesam)*
1 EL *gemahlene Mandeln*
½ TL *Bockshornklee*
1 TL *Chiliflocken*
3 TL *Ei-Ersatz (oder Sojamehl)*
Salz und Pfeffer

Die Blätterteigplatten entrollen und in jeweils sechs Rechtecke schneiden und auf ein Backblech legen.

Zwiebel schälen und würfeln. Knoblauch abziehen und fein hacken. Mangold waschen, die Blätter in feine Streifen schneiden, die Stängel in kurze Stücke schneiden. Tomate würfeln. Maiskörner abtropfen lassen.

Zwiebel und Knoblauch in Olivenöl glasig braten. Mangoldstängel dazugeben und 5 Min. mitbraten. Dann die Blätter und die Tomatenwürfel hinzugeben und etwa 10 Min. köcheln lassen. Die Maiskörner zufügen und mit geschlossenem Deckel weitere 5 Min. dünsten.

Tofuwürfel, Gomasio und Mandeln unterheben und mit Salz, Pfeffer, Bockshornklee und Chiliflocken kräftig würzen.

Den Ei-Ersatz mit 3 EL Wasser glattrühren. Mit einem Pinsel auf die Ränder der Blätterteigplatten streichen. Von der Füllung jeweils 1 EL in die Mitte der Teigstücke geben. Zu Dreiecken zusammenfalten und die Ränder fest zusammendrücken. Den restlichen Ei-Ersatz auf die Oberfläche pinseln. Teigtaschen auf ein mit Backpapier ausgelegtes Backblech legen und im heißen Ofen bei 180 °C auf der mittleren Schiene 15–20 Min. goldbraun backen (Umluft nicht empfehlenswert).

400 g *Blattspinat, tiefgekühlt*
1 *Zwiebel*
2 *Knoblauchzehen*
10 *getrocknete Tomaten in Öl*
2 EL *Zedernüsse oder Pinienkerne*
½ TL *Kreuzkümmel*
3 EL *Olivenöl*
2 TL *fein abgeriebene Bio-Zitronenschale*
2 EL *Hefeflocken*
½ TL *Muskat*
2 Platten *veganer Blätterteig (aus dem Kühlregal, Zimmertemperatur)*
3 TL *Ei-Ersatz*
Salz und Pfeffer

Spinat auftauen lassen, kräftig ausdrücken und grob hacken. Zwiebel schälen und würfeln. Knoblauch abziehen und fein hacken. Tomaten abtropfen lassen (1 TL Öl auffangen) und fein hacken. Zedernüsse und Kreuzkümmel in einer Pfanne ohne Fett rösten, bis die Kerne goldbraun sind.

Öl in einer Pfanne erhitzen, Zwiebeln und Knoblauch 2 Min. darin dünsten. Spinat zugeben und 4 Min. mitdünsten. Zedernüsse, Tomaten, 1 TL Tomatenöl, Zitronenschale und Hefeflocken untermischen, mit Kreuzkümmel, Muskat sowie Salz und Pfeffer kräftig würzen.

Blätterteig entrollen, in jeweils 8 Rechtecke schneiden und auf ein Backblech legen.

Den Ei-Ersatz mit 3 EL Wasser glatt rühren. Mit einem Pinsel auf die Ränder der Blätterteigplatten streichen. Von der Füllung jeweils 1,5 EL in die Mitte der Teigstücke geben. Zu Dreiecken zusammenfalten und die Ränder fest zusammendrücken. Den restlichen Ei-Ersatz auf die Oberfläche pinseln. Teigtaschen auf ein mit Backpapier ausgelegtes Backblech legen und im heißen Ofen bei 180 °C auf der mittleren Schiene 15–20 Min. goldbraun backen (Umluft nicht empfehlenswert).

Teigtaschen mit würziger Spinatfüllung

für 16 Stück
ca. 30 Minuten
(+ 20 Min. Backzeit)

4 Portionen
ca. 25 Min.
(+ 45 Min. Gehzeit)

Lauch-Oliven-FLAMMKUCHEN

Zutaten für den Teig:

250 g *Mehl (Typ 405)*
1 Pck. *Trockenhefe*
1 TL *Salz*
1 Prise *Zucker*
2 EL *Olivenöl*
150 ml *warmes Wasser*

Zutaten für den Belag:

150 ml *Sojasahne*
2 EL *Mehl*
1 EL *Olivenöl*
Salz und Pfeffer

heiß

Die Zutaten für den Teig kneten und zugedeckt an einem warmen Ort 45 Min. gehen lassen. Für Varianten an dieser Stelle den Lauch waschen, klein schneiden und mit etwas Öl in einer Pfanne andünsten. Mit Salz und Pfeffer abschmecken.

Sojasahne, Mehl und Öl glattrühren und alles mit Salz und Pfeffer abschmecken. Den Teig mit gewaschenen Händen auf bemehlter Arbeitsfläche gut durchkneten und in 4 Portionen teilen. Diese jeweils 2–3 mm dünn länglich ausrollen und auf ein Backblech mit Backpapier legen. Die Sojasahnemischung daraufgeben und die Fladen mit Lauch und/oder Oliven belegen. Bei 220°C ca. 10 Min. backen.

VARIANTE 1: 1 Stange Lauch, 6 Scheiben getrocknete Tomaten in Öl

VARIANTE 2: 200 g schwarze und grüne marinierte Oliven

SAFTIGE Pizzaschnecken

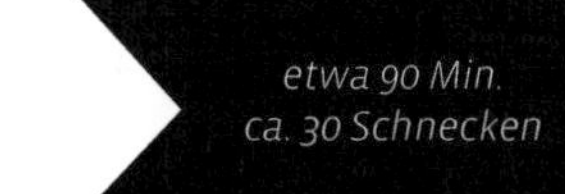

1 kg *Dinkelmehl Type 630 (alt. Weizenmehl Type 550)*
2 Pck. *Trockenhefe*
1 TL *Zucker*
1 EL *Salz*
500 ml *warmes Wasser*
100 ml *Olivenöl*
1 *große Zwiebel*
3 *Knoblauchzehen*
400 g *Tomaten gehackt (Dose)*
4 EL *Tomatenmark*
6 EL *Olivenöl*
3 TL *Salz*
2 TL *Paprikapulver*
2 TL *italienische Kräuter*
60 g *Oliven (grün oder schwarz, ohne Kerne)*
200 g *vegane Salami*
200 g *veganer Pizzakäse, gerieben*

Mehl, Trockenhefe, Zucker und Salz in einer großen Schüssel mischen. Wasser und Olivenöl beigeben und zu einem homogenen Teig verkneten. Teig zugedeckt an einem warmen Ort etwa 30 Min. gehen lassen, bis sich das Volumen fast verdoppelt hat.

Unterdessen Zwiebel und Knoblauchzehen schälen und in feine Würfel schneiden. In Olivenöl glasig anbraten. Tomatenstücke, Tomatenmark, Salz, Paprikapulver und Kräuter hinzugeben und etwa 10 Min. leicht köcheln lassen.

Oliven fein würfeln, vegane Salami in kleine Würfel schneiden.

Den Teig auf einer bemehlten Arbeitsfläche zu einem Rechteck von etwa 25 cm Breite ausrollen. Tomatensauce darauf verstreichen. Oliven, Käse und Schinken bzw. Salami daraufstreuen.

Den belegten Teig einrollen; mit dem Messer circa 3 cm dicke Schnecken abschneiden und auf ein mit Backpapier ausgelegtes Backblech legen. Nochmals 10–15 Min. gehen lassen. Anschließend bei 190 °C Ober- und Unterhitze 20–30 Min. backen, bis der äußere Rand der Schnecken braun wird.

VARIANTE: Wer weder veganen Käse noch vegane Wurst mag, kann stattdessen Räuchertofu verwenden: Dazu 200 g Räuchertofu mit der Gabel zerdrücken und mit 2 EL Hefeflocken unter die Tomatensauce mischen.

Gefüllte Teigtaschen

MIT ARABISCHER NOTE *

1 TL	*Schwarzkümmel*
300 g	*Weizenmehl (Type 550)*
1 TL	*Kurkuma*
½ Pck.	*Trockenhefe*
50 g	*Margarine (Zimmer temperatur)*
6 EL	*Olivenöl*
ca. 50 ml	*lauwarmes Wasser*
200 g	*Möhren*
4 Stiele	*Petersilie*
2	*Zwiebeln*
1	*Frühlingszwiebel*
1	*Knoblauchzehe*
50 g	*Cashewkerne*
	Kreuzkümmel
	Zimt
	Paprikapulver
	Chiliflocken
	Salz und Pfeffer

für 12 Stück
ca. 1 Stunde
(+ 2 Std. Ruhezeit)

Schwarzkümmel in einer Pfanne ohne Fett rösten, abkühlen lassen und im Mörser fein zerstoßen.

Für den Teig Mehl, Kurkuma, Schwarzkümmel, Trockenhefe und ½ TL Salz in einer Schüssel mischen. Margarine, 4 EL Olivenöl und rund 50 ml lauwarmes Wasser zugeben und mit den Händen zu einem elastischen Teig verkneten, bis er kaum noch klebt. Den Teig in 4 gleichgroße Kugeln formen und auf ein Tuch geben. Mit einem weiteren Tuch abdecken und rund 2 Stunden ruhen lassen.

In der Zwischenzeit für die Füllung Möhren schälen und grob raspeln. Petersilienblätter abzupfen und fein hacken. Zwiebeln, Frühlingszwiebel und Knoblauch fein hacken. Cashews grob hacken.

2 EL Olivenöl in einer Pfanne erhitzen. Möhren, Zwiebeln, Frühlingszwiebeln und Knoblauch darin unter Rühren bei mittlerer Hitze 2–3 Min. dünsten. Cashews, Petersilie und je 1 Prise Kreuzkümmel, Zimt, Paprikapulver und Chiliflocken zugeben und 1 Min. mitdünsten. Mit Salz und Pfeffer würzen und abkühlen lassen.

Den Teig auf der bemehlten Arbeitsfläche ca. 2 mm dünn ausrollen. Mit einer runden Ausstechform (oder einfachem Trinkglas) Kreise von ca. 12 cm Durchmesser (Deckel einer Teekanne) ausstechen. Jeweils gut 1 EL Füllung in die Mitte der Teigkreise geben. Die Teigränder mit Wasser bestreichen, zusammenklappen und fest andrücken. Mit den Zinken einer Gabel die Nahtstelle nochmals dekorativ festdrücken.

Teigtaschen auf ein mit Backpapier ausgelegtes Backblech legen. Zwischen den Taschen etwas Platz lassen, damit diese nicht aneinander kleben. Mit einem Pinsel etwas Öl auf die Oberseite streichen. Im vorgeheizten Backofen bei 180 °C (Gas Stufe 3) knapp 30 Min. goldbraun backen.

Tipp: Wer mag, kann zusätzlich 50 g kleingeschnittene Rosinen oder Datteln in die Füllung geben (aber Vorsicht: Rosinen sind nicht bei allen gleich beliebt!).

---

2 *Knoblauchzehen*
1 *mittelgroße Zwiebel*
5 *Tomaten*
130 g *Mangold (oder Spinat)*
1 Rolle *(Vollkorn-)Pizzateig aus dem Kühlregal (oder frischer Pizzateig)*
40 g *Pinienkerne*
Olivenöl
Salz und Pfeffer

Knoblauch und Zwiebel schälen und fein hacken. Tomaten fein würfeln, Mangold fein schneiden.

Knoblauch und Zwiebel in 2 EL Öl anschwitzen, Tomaten zugeben und 5 Min. einkochen lassen. Mangold dazugeben und kurz mitdünsten. Mit Salz und Pfeffer würzen.

Aus dem Pizzateig kleine Kreise ausstechen (ca. 6 cm Durchmesser) und auf ein Backblech legen. Mit gerösteten Pinienkernen bestreuen und im vorgeheizten Backofen bei 220 °C 10–15 Min. backen.

Mangold-Tomaten-Mini-Pizzen

Flammkuchen

MIT LAUCH, BIRNEN, FEIGEN UND RÄUCHERTOFU

- **2** *dünne Stangen Lauch*
- **2** *reife Birnen*
- **3** *frische Feigen*
- **200 g** *Räuchertofu*
- **1 Rolle** *Flammkuchenteig (aus dem Kühlregal)*
- **100 g** *vegane Sahne (empfohlen: Reis- oder Hafer-Cuisine)*
- **1 EL** *Ahornsirup*
- *Pfeffer und Salz*

Lauch in feine Ringe schneiden. Birnen in dünne Spalten, Feigen in Achtel schneiden. Tofu in feine Streifen schneiden oder zerkrümeln.

Den Teig gleichmäßig mit Sahne bestreichen und mit Pfeffer und Salz würzen. Lauchscheiben, Birnenscheiben und Feigen darauflegen. Räuchertofu darüberstreuen und etwas Ahornsirup darübergeben.

Im vorgeheizten Backofen bei 200–220 °C 10–12 Min. backen. Der Teig muss Blasen schlagen und von unten braun und knusprig werden. Nach dem Herausnehmen die Flammkuchen in Stücke oder Dreiecke schneiden und heiß servieren.

80 g	*Reis*
1	*mittlere Zwiebel*
240 g	*Kidneybohnen (Glas oder Dose)*
1 EL	*Öl*
½ TL	*gemahlener Koriander*
½ TL	*gemahlener Kreuzkümmel*
1 TL	*Agavendicksaft*
1	*Romana-Salatherz*
120 g	*Salatgurke*
1 rote	*Paprikaschote*
1 Tüte	*Tortillachips*
160 g	*Guacamole*
6	*Weizen-Tortillas (ca. 22-24 cm)*
	Meersalz und schwarzer Pfeffer aus der Mühle

Den Reis in leicht gesalzenem Wasser gar kochen und in einem Sieb abtropfen lassen.

Zwiebel schälen und fein hacken. Kidneybohnen in einem Sieb kurz waschen und abtropfen lassen. Das Öl in einer Pfanne erhitzen und die Zwiebeln darin 3 Min. bei mittlerer Hitze anbraten. Koriander, Kreuzkümmel und Agavendicksaft dazugeben, etwas salzen und nochmals 1 Min. braten. Die Bohnen dazugeben und mit Salz und Pfeffer abschmecken.

Salat waschen, in Streifen schneiden und trockenschleudern. Gurke waschen und in kleine Würfel schneiden. Paprika waschen, halbieren, entkernen und in feine Streifen schneiden. Die Tortillachips in einer Schüssel zerkrümeln.

Tortillas mit Guacamole bestreichen, Salat, Gurke, Paprika, Bohnen, Chips und Reis daraufgeben und mit Salz und Pfeffer würzen. Anschließend die Wraps einrollen, quer halbieren und jeweils den unteren Teil in Butterbrotpapier wickeln. Bis zum Verzehr im Kühlschrank kaltstellen.

Tipp: Die Weizentortillas kann man fertig kaufen oder einfach selbst zubereiten (siehe nächste Seite).

BURRITOS à la mexicana

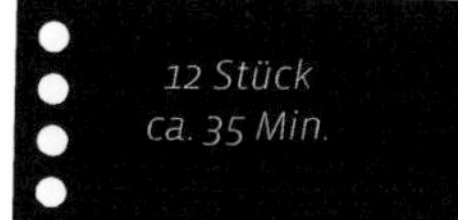

Quinoa-Gemüse-Wrap

12 Portionen.
ca. 30 Min.

170 g *Quinoa*
120 g *Hummus*
30 g *frischer Spinat*
1 *mittlere Möhre*
½ *Gurke*
50 g *trocknete, in Öl eingelegte Tomaten*
6 *Weizen-Tortillas (ca. 22-24 cm)*
Walnüsse nach Belieben

Quinoa in etwa der doppelten Menge Wasser aufkochen und anschließend bei geringer Hitze 15–20 Min. ziehen lassen. Mit einer Gabel auflockern und abkühlen lassen.

Spinatblätter abspülen und trockenschleudern. Möhre grob raspeln, Gurke schälen und in dünne Scheiben schneiden, Tomaten in feine Streifen schneiden.

Wraps ausbreiten und je zwei Drittel der Wraps mit Hummus bestreichen, dabei den oberen Teil aussparen. Die Wraps gleichmäßig mit Spinatblättern, Möhren, Gurke und Tomaten und den Walnüssen belegen. Die Wraps vorsichtig von der unteren Seite her dicht aufrollen, mit einem scharfen Messer quer halbieren und in etwas Butterbrotpapier wickeln. Bis zum Verzehr im Kühlschrank kaltstellen.

Tipp: Die Weizentortillas kann man fertig kaufen oder einfach selbst zubereiten (siehe unten).

---

200 g *Weizenmehl*
5 EL *Wasser*
½ TL *Salz*
2 EL *Öl*

Die Zutaten zu einem Teig verarbeiten und abgedeckt etwa eine halbe Stunde ruhen lassen. Auf einer bemehlten Arbeitsfläche zu möglichst dünnen Fladen von etwa 20 cm Durchmesser ausrollen. Eine Pfanne ohne Fett erhitzen und die Fladen je Seite 1–2 Min. bei mittlerer Hitze hellbraun backen. Wenn sie Blasen werfen, mit einem Geschirrtuch flach drücken. Die fertigen Fladen in ein feuchtes Geschirrtuch schlagen, damit sie formbar werden. Bis zum Belegen im Ofen oder in Tücher gewickelt warm halten.

ca. 10 Min.
(+ 30 Min. Ruhezeit)

WEIZEN TORTILLAS

Fajitas mit Gemüsefüllung

2 *Zwiebeln*
2 *Knoblauchzehen*
2 *gelbe oder orange Paprika*
2 *rote Paprika*
200 g *Champignons*
1 *Chili*
2 TL *gehackte Petersilie*
etwas Öl zum Braten
6 *Weizen-Tortillas (ca. 22-24 cm)*
Salz und Pfeffer

Die Zwiebeln in Ringe schneiden, Knoblauchzehen fein hacken. Die Paprikaschoten in Streifen und die Champignons in Scheiben schneiden. Die Chili entkernen und fein hacken.

In einer Pfanne etwas Öl erhitzen und Knoblauch und Zwiebeln glasig dünsten. Paprika und Chili zugeben und bei mittlerer Hitze garen, bis sie weich werden. Die Pilze ebenfalls in die Pfanne geben und einige Minuten garen. Die Petersilie zugeben und mit Salz und Pfeffer abschmecken.

Die Tortillas in einer zweiten Pfanne ca. 30 Sekunden von jeder Seite trocken erwärmen.

Die Gemüsemischung auf die Tortillas geben, aufrollen, quer halbieren und jeweils den unteren Teil in Butterbrotpapier wickeln. Bis zum Verzehr im Kühlschrank kaltstellen.

Tipp: Die Weizentortillas kann man fertig kaufen oder einfach selbst zubereiten (siehe Tipp auf der linken Seite).

»Eier« salat-Wraps

400 g *bröckeligen Tofu*
1 *Knoblauchzehe*
4 *mittlere Gewürzgurken*
½ *Romana-Salat*
¼ *Salatgurke dünn geschnitten*
2 EL *vegane Mayonnaise*
2 TL *Kapern*
3–4 TL *Senf*
Saft einer halben Zitrone
6 *Tortillafladen (22-24 cm Durchmesser)*
Salz und Pfeffer

Außerdem: Fähnchen, Cocktailspießchen oder Zahnstocher

Tofu zerbröseln. Knoblauch schälen und pressen oder fein hacken. Gewürzgurken fein würfeln. Salat in feine Streifen schneiden. Salatgurke stifteln.

Tofu mit der Mayonnaise und dem Knoblauch mischen. Die Creme mit einem Teelöffel des Kapernsuds abschmecken. Dann Senf, Zitronensaft, Kapern und Gewürzgurken hinzufügen. Gut vermengen und mit Salz und Pfeffer abschmecken.

Tortillas kurz von beiden Seiten (immer 2 gleichzeitig) in einer Pfanne erwärmen, damit sie sich besser rollen lassen. Nun zuerst etwas Salat und Gurke der Länge nach in die Mitte des Wraps geben und obenauf großzügig die Creme verteilen. Dann den Wrap fest zusammenrollen, in 6 Stücke teilen und jeweils einen Zahnstocher hineinstechen. Dann mit einem scharfen Messer aufschneiden und auf einer Platte anrichten.

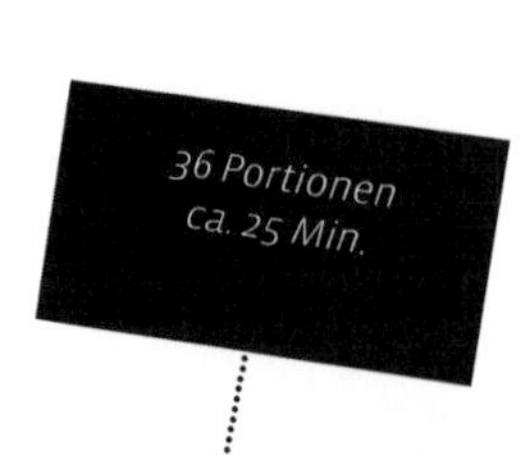

400 g *Blattspinat*
250 g *Buchweizenmehl*
100 g *Dinkelmehl*
500 ml *Sojamilch*
3 TL *(Weinstein-)Backpulver*
1 EL *Mandelmus*
1 *mittelgroße Zwiebel*
2 *Knoblauchzehen (optional)*
2 EL *(Oliven-)Öl*
1 EL *Gomasio (gerösteter Sesam, optional)*
Muskatnuss, frisch gerieben
Salz und Pfeffer aus der Mühle

Spinat gründlich waschen, dabei große Stiele entfernen. In Sieb oder Salatschleuder gut trockenschleudern.

In der Zwischenzeit Mehl, Sojamilch, Backpulver, Mandelmus sowie 1 TL Salz zu einem zähflüssigen Teig verrühren. Mindestens 15 Min. ruhen lassen.

Zwiebel und Knoblauch schälen und fein hacken. In etwas Öl in einer Pfanne glasig anschwitzen. Den Spinat zugeben. Pfanne mit Deckel verschließen, den Spinat wenige Min. dünsten und zusammenfallen lassen. Anschließend vom Herd nehmen und in einem Sieb ausdrücken und fein hacken. Gomasio dazugeben und kräftig mit Salz, Pfeffer und Muskat würzen.

Den Teig mit einem Handmixer nochmals gut durchrühren und den Spinat vorsichtig unter den Teig ziehen.

Das Waffeleisen ggf. einfetten und aufheizen. Aus jeweils 3 EL Teig portionsweise Waffeln ausbacken.

Tipp: Statt mit Buchweizen- und Dinkelmehl lassen sich die Waffeln auch mit Weizenmehl zubereiten.

Spinatwaffeln

WÜRZIGER Zigarren-Börek

»SIGARA BÖREGI→

8	*getrocknete Tomaten in Öl*
1	*Knoblauchzehe*
2–3 EL	*glatte Petersilie*
1 Pck.	*veganer Feta (z. B. »Feto« oder »Vegibelle«)*
1 TL	*Hefeflocken*
2 EL	*des Tomatenöls*
	mediterrane Kräuter, Muskatnuss, Chilipulver
ca. 25	*dreieckige Yufka- oder Filoteig-Blätter*
	Salz und Pfeffer

Getrocknete Tomaten in kleine Stückchen schneiden. Knoblauch schälen und fein hacken. Petersilie fein hacken.

Veganen Feta mit einer Gabel zerdrücken und mit Tomaten, Knoblauch, Petersilie, Hefeflocken und Öl vermischen. Nach Geschmack mit Salz, Pfeffer, Kräutern, Muskatnuss und Chilipulver abschmecken.

Die Teigdreiecke leicht anfeuchten. Mit ca. 1 EL Füllung längs am breiten Ende verteilen. Rechte und linke Ecke des Teigs leicht einklappen. Dann vom breiten Ende zur Spitze nicht zu fest zusammenrollen. Die kurze Spitze in Wasser tauchen und das Röllchen an der Spitze verkleben.

Das Öl einen Finger hoch in der Pfanne erhitzen und die Röllchen darin goldbraun braten. Die Röllchen auf Küchenpapier auslegen, damit sie knusprig bleiben.

Räuchertofu-FRÜHLINGSROLLEN

heiß

400 g *Räuchertofu*
200 g *Spitzkohl*
50 g *Lauch*
2 *rote Chilischoten*
2 *Knoblauchzehen*
4 EL *Sojasauce*
3 EL *süße Chilisauce*
50 g *Glasnudeln*
2 TL *Zucker*
1 EL *Ei-Ersatzpulver*
8 Blätter *Frühlingsrollenteig (20x20 cm)*
Öl
Salz und Pfeffer

etwa 8 Portionen
ca. 60 Min.

Für die Füllung den Räuchertofu in feine Würfel schneiden. Spitzkohl putzen, waschen und den Strunk entfernen. In feine Streifen schneiden. Lauch putzen, waschen und fein würfeln, Chili und Knoblauch getrennt fein hacken.

1 EL Öl in einer beschichteten Pfanne erhitzen und den Tofu darin 4–5 Min. von allen Seiten goldbraun anbraten. Aus der Pfanne nehmen und in eine Schüssel geben. 2 EL Öl in die Pfanne geben, Lauch und Spitzkohl darin 2–3 Min. dünsten. Chili und Knoblauch zugeben und kurz mitdünsten. Soja- und Chilisauce zum Tofu geben, Lauch und Spitzkohl unterheben. Mit Salz und Pfeffer abschmecken und abkühlen lassen. Glasnudeln nach Packungsanweisung garen, abschrecken, abtropfen lassen, in ca. 1 cm lange Stücke schneiden und zur Tofumischung geben.

Ei-Ersatzpulver nach Anleitung mit Wasser anrühren und in einer Schüssel verquirlen. Frühlingsrollenteig-Blätter nebeneinanderlegen. Mit einem Pinsel die Ränder dünn mit dem Veggie-Ei bestreichen und jeweils 2 EL der Füllung im unteren Drittel verteilen, dabei 2 cm zum Rand frei lassen. Die beiden Längsseiten des Teigs über die Füllung schlagen, mit Veggie-Ei bestreichen und alles fest zusammenrollen.

Restliches Öl in einer Pfanne erhitzen, Frühlingsrollen darin in 2 Portionen unter Wenden 4–5 Min. goldbraun frittieren. Auf Küchenpapier abtropfen lassen.

EINFACHES BROT MIT VIEL GESCHMACK

Oliven-Rosmarin-Brot

500 g *Dinkelvollkornmehl*
500 g *Weizenmehl (Type 405 oder 550)*
2 g *Salz*
1 Würfel *Frischhefe (oder 1 Tütchen Trockenhefe)*
600 ml *Wasser*
8 EL *frische Rosmarinblätter (oder 4 EL getrockneter Rosmarin)*
250 g *abgetropfte und entsteinte schwarze Oliven*
1 EL *Olivenöl*

grobes Meersalz
Rosmarinblätter zum Dekorieren

In einer großen Schüssel Mehl, Salz, Hefe, Wasser und Rosmarin vermischen und rund 10 Min. kneten, bis der Teig elastisch ist. Abdecken und an einem warmen Ort ungefähr 1 Std. gehen lassen.

Oliven zum Teig geben und gleichmäßig unterkneten.

Mit den Händen und ggf. etwas Mehl den Teig kneten und einen flachen Brotlaib formen. Mit Olivenöl bestreichen und mit Salz und frischem Rosmarin bestreuen. Den Teig nochmals eine Stunde gehen lassen.

Bei 170 °C (Umluft) 50–60 Min. backen.

VARIANTE: Tomaten-Oliven-Brot: Statt des Rosmarins 1 Glas in Öl eingelegte getrocknete Tomaten in feine Streifen schneiden und mit etwas von ihrem Öl unter den Teig heben.

Bunte Polenta-Mini-Muffins

etwa 20 Mini-Muffins
ca. 20 Min.
(+ 20 Min. Backzeit)

- **1** *Zwiebel*
- **1** *Knoblauchzehe*
- **2 EL** *Tomatenmark*
- **8–10** *getrocknete Tomaten*
- **1** *gelbe oder rote Paprika*
- **1** *Peperoni*
- **120 g** *grobe Polenta*
- **350 ml** *leichte Gemüsebrühe*
- **2 EL** *Olivenöl*
- **2 EL** *frisch gehackte Petersilie oder ital. Kräuter (TK)*
- **2 EL** *Mehl*
- **1 TL** *Backpulver*
- *Salz und Pfeffer*

Zwiebel, Knoblauch, Tomaten, Paprika und Peperoni entkernen und fein hacken, frische Kräuter ebenfalls.

Zwiebel und Knoblauch etwa 2 Min. in heißem Öl dünsten. Das Tomatenmark zugeben, unterrühren und 2–3 Min. mitbraten. Dann Polenta, Brühe, Tomaten, Paprika, Peperoni und Kräuter hinzugeben. Unter ständigem Rühren kochen, bis alles Wasser aufgesogen ist – das dauert ca. 10 Min. Salzen, pfeffern und kurz abkühlen lassen.

Den Backofen auf 200 °C vorheizen. Mehl und Backpulver zum Teig geben und gut untermischen. Die Masse in die Formen eines Mini-Muffinblechs geben und im vorgeheizten Ofen rund 20 Min. backen. Wer große Muffinformen verwendet, muss die Backzeit verlängern.

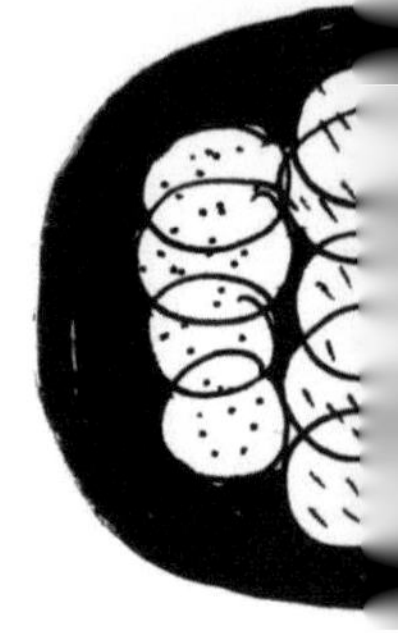

SALATE

CARPACCIO von Roter und Gelber Bete

1 *Rote und 1 Gelbe Bete*
80 g *Cashewkerne*
1 *Zitrone*
1 *Handvoll junger Beteblätter*
6 EL *kalt gepresstes Olivenöl*
1 Prise *Zucker*
Salz
grober Pfeffer aus der Mühle
Crema di Balsamico

Bete schälen und in hauchdünne Scheiben schneiden oder hobeln (dabei möglichst Einweghandschuhe tragen, da die Bete stark färben). Cashewkerne grob hacken und in einer Pfanne ohne Fett anrösten, abkühlen lassen. Den Saft der Zitrone auspressen. Die Beteblätter abbrausen, trockenschütteln und in feine Streifen schneiden.

Zitronensaft, Olivenöl, etwas Salz, Pfeffer und Zucker verrühren.

Rote- und Gelbe-Bete-Scheiben auf einer großen Platte abwechselnd überlappend anrichten. Mit dem Dressing beträufeln. Mit Cashewkernen und Beteblättern bestreuen. Etwas Crema di Balsamico dekorativ darüberträufeln.

etwa 8 Portionen
ca. 30 Min.

1	*kleiner Kohlrabi (ca. 200 g)*
1	*große Möhre (ca. 100 g)*
2	*junge Zucchini (ca. 150 g)*
1	*Knoblauchzehe*
2 EL	*Pinienkerne*
1	*Bund oder Topf Basilikum*
200 g	*Tomaten*
3 EL	*Balsamico bianco*
6 EL	*Olivenöl*
1 Prise	*Zucker*
	Salz und Pfeffer

Kohlrabi und Möhre schälen, mit Zucchini in sehr dünne Scheiben hobeln oder schneiden. Knoblauch schälen und pressen oder sehr fein hacken. Pinienkerne in einer Pfanne ohne Fett anrösten, abkühlen lassen. Basilikumblätter abzupfen, in feine Streifen schneiden.

Tomaten vierteln, entkernen und fein würfeln. Balsamico bianco, etwas Salz, Pfeffer, Zucker und Olivenöl mit der gehackten oder gepressten Knoblauchzehe verrühren. Tomaten und Basilikum zugeben und vermischen.

Gemüsescheiben auf einem großen Teller verteilen. Die Sauce auf das Gemüse geben, mit Pinienkernen bestreuen.

GEMÜSE-Carpaccio

BULGURSALAT

mit Kichererbsen und frischen Aprikosen

etwa 12 Portionen
ca. 25 Min.

250 g	*Bulgur*
	heißes Wasser
1	*Zwiebel*
¼	*Gurke*
etwa 15	*Cocktailtomaten*
etwa 10	*frische Aprikosen*
1 Dose	*Kichererbsen (ca. 400 g)*
2 EL	*Olivenöl*
	Saft einer Zitrone
1 Prise	*Zucker*
	Salz, Pfeffer
	Paprikapulver
	Kreuzkümmel
	Chilipulver

Rucola, Feldsalat oder junger Spinat sowie Blüten oder Kräuter zum Anrichten (optional)

Bulgur in einer Schüssel mit 500 ml kochendem Wasser aufgießen und ca. 15 Min. quellen lassen (Hinweise zur Zubereitung auf der Packung beachten). Im Anschluss in einem Sieb abtropfen lassen und mit einem Löffelrücken gut ausdrücken.

Zwiebel und Gurken würfeln. Cocktailtomaten und Aprikosen vierteln und Aprikosenviertel quer nochmal zerteilen. Kichererbsen abtropfen lassen.

Zwiebel, Gurke, Tomaten, Aprikosen und Kichererbsen mit dem Bulgur vermischen. Mit Öl und Zitronensaft anmachen und mit Zucker, Salz, Pfeffer und den Gewürzen abschmecken.

In einer Salatschüssel, in Weckgläsern oder auch auf Chicoreebättern anrichten. Mit essbaren Blüten oder Kräutern dekorieren.

4 *mittelgroße Zucchini (gelb und grün)*
½ *Zitrone*
2 *Knoblauchzehen*
50 g *Rosinen*
40 g *Pinienkerne*
Olivenöl
10 größere Minzblätter
Salz und Pfeffer

Rosinen eine Stunde lang in Wasser quellen lassen. Zitrone auspressen, Saft auffangen. Zucchini längs halbieren und in max. 0,5 cm dicke Scheiben schneiden. Ggf. Kerne entfernen. Knoblauch schälen und fein hacken. Pinienkerne trocken in einer Pfanne hellbraun anrösten.

Knoblauch in Olivenöl erhitzen und die Zucchinischeiben darin anbraten. Aus der Pfanne nehmen und auf einem Küchenpapier abtropfen lassen. Mit Salz und Pfeffer würzen. Rosinen im restlichen Öl anbraten.

Zucchinischeiben mit Rosinen, Pinienkernen und Zitronensaft in einer Schüssel mischen. Einige Stunden durchziehen lassen. Vor dem Servieren nochmals abschmecken und ggf. nachsalzen und nachpfeffern.
Mit gehackter Minze bestreut servieren.

Maurischer ZUCCHINISALAT

etwa 8 Portionen
ca. 30 Min.
(+ 12 Std. Ziehzeit)

300 g	*Zwiebeln*
2	*Knoblauchzehen*
2	*Paprikaschoten*
500 g	*Champignons*
2	*Zucchini*
100 g	*Zucker*
200 ml	*Rotweinessig*
4	*Lorbeerblätter*
4	*Wacholderbeeren*
1 TL	*Pfefferkörner*
100 ml	*Olivenöl*
einige	*Basilikumblätter*

Zwiebeln und Knoblauch schälen und fein hacken. Paprika waschen, putzen, in grobe Stücke schneiden. Champignons und Zucchini putzen bzw. waschen. Zucchini in Scheiben schneiden. Große Champignons halbieren.

Zucker in einem Topf karamellisieren, bis er goldgelb ist. Gemüse, Zwiebeln und Knoblauch hinzufügen und kurz darin schwenken. Mit Essig und 125 ml Wasser ablöschen. Lorbeerblätter, Wacholderbeeren und Pfefferkörner hinzufügen. Mit Salz und Pfeffer würzen. 8 Min. zugedeckt dünsten lassen. Öl dazugeben und zugedeckt etwa 12 Stunden ziehen lassen.

Basilikumblätter ganz (die großen halbiert) untermischen – ein paar Blätter aufheben. Gemüse nochmals mit Salz und Pfeffer abschmecken. Zum Servieren mit Basilikum garnieren.

Kürbis-Pastinaken-SALAT

1 *Bio-Zitrone*
40 g *Walnusskerne*
100 g *Sojajoghurt*
80 g *vegane Mayonnaise*
1 TL *Agavendicksaft*
½ *Butternusskürbis (ca. 350 g)*
400 g *Pastinaken*
1 *säuerlicher Apfel*
1 *Mini-Römersalat*
40 g *getrocknete Sauerkirschen, Rosinen oder frische Beeren (je nach Jahreszeit)*
Salz und Pfeffer

Zitrone heiß waschen, abtrocknen und 2 TL Schale fein abreiben. Zitronensaft auspressen. Walnüsse grob hacken. 2 EL Saft mit Zitronenschale, Joghurt und Mayonnaise verrühren. Mit Agavendicksaft, Salz und Pfeffer kräftig würzen.

Kürbis schälen. Kerne und das weiche Innere mit einem Löffel entfernen. Kürbis längs in ca. 2 cm breite Streifen schneiden und auf der Küchenreibe in dünne Scheiben hobeln. Pastinaken schälen und ebenfalls hobeln. Beides mit dem Dressing mischen.

Apfel achteln, entkernen, längs in dünne Scheiben schneiden und mit 1 EL Zitronensaft beträufeln. Römersalat putzen, quer in ½ cm dicke Scheiben schneiden. Römersalat, Apfelscheiben und Kirschen oder Rosinen vorsichtig unter den Kürbis und die Pastinaken heben. Mindestens 1 Stunde durchziehen lassen. Mit gehackten Walnüssen anrichten.

4 Portionen
ca. 40 Minuten
(+ ca. 1 Std. Ziehzeit)

Möhren-Chicoree-

SALAT IM CHICOREESCHIFFCHEN

10 g *Mandeln, gehobelt*
35 g *Datteln ohne Kern (alternativ: Rosinen)*
1 ½ EL *Zitronensaft, frisch gepresst*
¼ TL *Kreuzkümmel*
¼ TL *Zimt, gemahlen*
¼ TL *Salz*
1 Msp. *Chilipulver*
2 EL *Olivenöl*
2–3 *Möhren (ca. 200 g)*
2 *Chicoree (ca. 300 g)*

Mandeln in einer Pfanne ohne Fett anrösten, beiseitestellen. Datteln in feine Streifen schneiden.

Für das Dressing Zitronensaft mit Kreuzkümmel, Zimt, Salz und Chilipulver mischen, dann das Olivenöl dazugeben und verrühren.

Vom Chicoree jeweils die äußeren 10 Blätter ablösen.

Möhren schälen und grob raspeln. Restlichen Chicoree halbieren, den Strunk herauschneiden und die Hälften in feine Streifen schneiden. Mit den Datteln oder Rosinen mischen, das Dressing darübergeben und untermischen.

Den Salat in die Chicoreeblätter füllen. Mit Mandeln bestreut servieren.

etwa 20 Portionen
ca. 20 Min.

500 g	*Rote Bete*
1	*säuerlicher Apfel*
2	*Frühlingszwiebeln*
50 g	*Walnusskerne*
½ Bund	*Petersilie*
4 EL	*Balsamico*
1 TL	*Kümmel, gestoßen*
1 TL	*brauner Zucker*
4 EL	*Pflanzenöl*
	Zitronensaft
	Salz und Pfeffer

Rote Bete schälen und mit der Gemüsereibe oder einer Küchenmaschine in grobe Stifte schneiden. Apfel ggf. schälen, entkernen und ebenfalls stiften. Frühlingszwiebeln in dünne Ringe schneiden (weiß und grün), Walnusskerne grob hacken, Petersilienblätter fein hacken.

Aus Essig, Salz, Pfeffer, Kümmel, braunem Zucker und Öl ein Dressing zubereiten, mit der Bete und den anderen vorbereiteten Salatzutaten mischen. Zugedeckt mind. 2 Std. gekühlt ziehen lassen.

Salat 30 Min. vor dem Servieren aus dem Kühlschrank nehmen, durchmischen und nach Belieben noch einmal mit Salz, Pfeffer und einem Spritzer Zitronensaft abschmecken. Dann in (Einmach-)Gläsern servieren.

etwa 10 Portionen
ca. 20 Minuten

Bunter SCHMETTERLINGSNUDELSALAT

500 g *Farfalle (Schmetterlingsnudeln)*
1 *rote Paprikaschote*
150 g *Datteltomaten*
2 *schlanke Zucchini*
2 EL *Zedernüsse oder Pinienkerne*
1 Glas *Tomatenpesto*
4 EL *Balsamico bianco*
4 EL *Olivenöl*
1 Bund *Rucola*
Salz und Pfeffer

Nudeln in Salzwasser al dente kochen, abgießen und etwas abkühlen lassen.

Paprika putzen und in kleine Würfel schneiden. Tomaten waschen und vierteln. Zucchini in 1 cm dicke Scheiben schneiden. Zucchini und Paprika in einer Pfanne von beiden Seiten etwa 5 Min. leicht anbräunen. Zedernüsse oder Pinienkerne ohne Fett anrösten.

Gemüsezutaten mit den Nudeln mischen, nach Belieben ½ bis 1 Glas Pesto dazugeben und mit Balsamico bianco, Öl, Salz und Pfeffer abschmecken. Rucola waschen, in Streifen schneiden und Zedernüsse erst kurz vor dem Servieren untermischen.

VARIANTE: Der Salat schmeckt auch mit grünem Pesto und Basilikum sehr gut. Die Zucchini lassen sich prima durch gegrillte Auberginen oder Champignons ersetzen.

Kartoffelsalat

10 *festkochende Pellkartoffeln*
1 *rote Paprika*
2 *Frühlingszwiebeln*
1 *Bund Schnittlauch*
2 *Knoblauchzehen*
4–5 *Cocktailtomaten*
½ *reife Avocado*
150 ml *Gemüsebrühe*
4 EL *milder Essig*
Paprikapulver
Kresse (nach Belieben)
Meersalz und Pfeffer

Die Kartoffeln schälen und gar kochen.

In der Zwischenzeit die rote Paprika entkernen und in kleine Stücke schneiden. Die Frühlingszwiebeln sowie den Schnittlauch waschen und klein hacken. Den Knoblauch mit einer Knoblauchpresse zerdrücken. Die Cocktailtomaten gründlich waschen und in 4 gleich große Hälften schneiden. Avocado in längliche Streifen schneiden. Alle Zutaten beiseitestellen.

Einen extra Topf aufsetzen und die Gemüsebrühe kurz erwärmen. Nach Belieben ein Lorbeerblatt dazugeben. Nach dem Erwärmen das Lorbeerblatt wieder entfernen. Paprika, Schnittlauch, Knoblauch und Frühlingszwiebeln in die Gemüsebrühe geben und alles gut verrühren.

Die Kartoffeln noch heiß in Scheiben schneiden und in eine große Schüssel geben. Die warme Gemüsebrühe über die Kartoffeln geben. Mit Meersalz, Pfeffer, Paprika und Essig würzen.

Den Kartoffelsalat nochmals gut vermengen und kurz ziehen lassen. Mit Kresse, Avocado und Cocktailtomaten garnieren und am besten warm verzehren.

SAUCEN & DIPS

Linsen-Thymian-AUFSTRICH

150 g *Belugalinsen*
2 *rote Zwiebeln*
6 EL *Olivenöl*
2 *große Möhren*
2 TL *Agavendicksaft*
1 TL *frischen Thymian*
¼ l *Rotwein*
5 EL *Tomatenmark*
Salz und Pfeffer
2 TL *Zitronensaft*
ggf. 40 g *Sesam, geröstet*

Belugalinsen etwa 25 Min. lang weichkochen.

Dabei die Zwiebeln schälen, hacken und in einer Pfanne mit 3 TL Olivenöl anschwitzen. Dann die Möhren fein reiben, dazugeben und gut anbraten. Agavendicksaft und Thymian dazugeben und mit Rotwein aufkochen. Den Wein etwas einkochen lassen.

Belugalinsen in einen Mixer geben. Mit Salz, Pfeffer, Tomatenmark und Öl pürieren.

Den Pfanneninhalt zu den pürierten Linsen geben und so lange mixen, bis eine feine Masse entstanden ist. Mit Zitronensaft sowie ggf. weiterem Salz und Pfeffer abschmecken und mit geröstetem Sesam bestreuen.

Tipp: Passt zu Gemüsesticks, auf Gurken- oder Brotscheiben oder zu Chips.

etwa 8 Portionen
ca. 30 Minuten

PAPRIKA-NUSS-Paste

2 *rote Paprikaschoten*
80 g *Walnusskerne*
40 g *geschälte Mandelkerne*
1 *Knoblauchzehe*
1 *Zwiebel*
25 g *Zwieback (oder trockenes Weißbrot)*
½ TL *Kreuzkümmelpulver*
1 TL *Paprikapulver edelsüß*
1 EL *Paprikamark (oder Tomatenmark)*
1 EL *Harissa-Paste*
3 EL *Olivenöl*
2 EL *Apfeldicksaft (oder Ahornsirup)*
2 Stiele *glatte Petersilie*
Salz und Pfeffer

Paprika putzen, vierteln, Kerngehäuse entfernen. Paprikaviertel mit der Hautseite nach oben auf ein Backblech legen. Auf der obersten Schiene unter dem vorgeheizten Backofengrill 6–8 Min. grillen, bis die Haut schwarze Blasen wirft. Herausnehmen, in einen großen Gefrierbeutel geben, verschließen, 10 Min. ausdämpfen lassen. Paprika häuten und kleinschneiden.

Walnüsse und Mandeln in einer Pfanne ohne Fett anrösten und abkühlen lassen. 2 EL Nüsse beiseitestellen.

Knoblauch und Zwiebel schälen und grob schneiden. Zwieback und Nüsse in der Küchenmaschine fein mahlen. Knoblauch, Zwiebel, Paprika und Paprikamark, Kreuzkümmel, Harissa-Paste und Paprikapulver zugeben und zu einer feinen Paste pürieren. Öl und Apfeldicksaft nach und nach zugeben, mit Salz und Pfeffer abschmecken. Abgedeckt kaltstellen.

Restliche Nüsse grob hacken. Petersilienblätter abzupfen, sehr fein schneiden.

Kurz vor dem Servieren die Paprikapaste mit Nüssen und Petersilie bestreuen.

Salsa mit SCHWARZEN BOHNEN UND MAIS

800 g *schwarze Bohnen (Dose)*
420 g *Mais (Dose)*
2 *große Tomaten*
1 *Avocado*
1 *Zwiebel*
1 *Limette*
1 EL *Rotweinessig*
½ Bund *Koriandergrün*
Salz und Pfeffer

Die Bohnen in einem Sieb abspülen und abtropfen lassen. Den Mais abtropfen lassen. Die Tomaten entkernen und in Würfel schneiden. Die Avocado entkernen, mit einem Löffel das Fruchtfleisch aus der Schale lösen und ebenfalls würfeln. Die Zwiebel schälen und fein würfeln.

Alle Zutaten in eine Schüssel geben, die Limette auspressen und den Saft mit Essig und gehacktem Koriandergrün dazugeben. Gut mischen und abgedeckt im Kühlschrank (eventuell über Nacht) ziehen lassen. Vor dem Servieren mit Salz und Pfeffer abschmecken.

Tipp: Statt des Korianders kann man auch glatte Petersilie verwenden.

etwa 12–15 Portionen
ca. 15 Min.

300 g *Rote Bete*
400 g *Seidentofu*
450 ml *Zitronensaft*
2 *Knoblauchzehen*
2 EL *Olivenöl*
2–3 Zweige *frische Pfefferminze*
Salz und Pfeffer

Die Rote Bete schälen und fein raspeln.

Seidentofu mit Zitronensaft, Knoblauch und Öl mit einem Stabmixer zu einer cremigen Masse pürieren. Mit Pfefferminze, Salz und Pfeffer abschmecken.

Mit den Rote-Bete-Raspeln mischen und mind. 1 Std. im Kühlschrank ziehen lassen.

VARIANTE: Schnelles Veggieziki

1 *Salatgurke*
3 *Knoblauchzehen*
500 g *Sojajoghurt natur*
Öl
Salz und Pfeffer

Gurke in feine Streifen schneiden, Knoblauch schälen und pressen oder sehr fein hacken.

Gurke und Knoblauch mit Joghurt verrühren. Mit wenig Salz und Pfeffer abschmecken und einen Schuss Öl hinzugeben. Im Kühlschrank etwas durchziehen lassen.

CASHEW-KETCHUP

etwa 4 Portionen
ca. 10 Minuten

4 *getrocknete Tomaten (in Öl eingelegt)*
80 g *Cashewkerne*
6 TL *Tomatenmark*
1 EL *Edelhefe*
1 EL *Weißweinessig*
2 TL *Paprika edelsüß*
½ TL *brauner Zucker*
ggf. 1 *kleine Knoblauchzehe*
Salz

Tomaten etwas abtropfen lassen und in kleine Stücke schneiden. Wenn Knoblauch gewünscht, diesen schälen und kleinschneiden.

Alle Zutaten in einer Küchenmaschine zu einer Creme pürieren und mit Salz abschmecken. Um die gewünschte Konsistenz des Ketchups zu erreichen, eventuell etwas Wasser hinzufügen.

Knoblauch schälen und pressen oder sehr fein hacken. Wildkräuter waschen und fein hacken.

Margarine mit den Kräutern verkneten und mit Salz und Pfeffer abschmecken.

250 g *weiche Pflanzen-margarine (z.B. Alsan)*
2 *Knoblauchzehen*
40 g *beliebige Wildkräuter*
Kräutersalz und Pfeffer aus der Mühle

Wildkräuter MARGARINE

500 g *Auberginen*
1 *Zwiebel*
1–2 *Knoblauchzehen*
ein paar *Stengel Petersilie*
3 EL *Olivenöl*
1 TL *Weißweinessig*
2 TL *Zitronensaft*
½ TL *Kreuzkümmel*
Salz und Pfeffer

Die Auberginen vom Stielansatz befreien und der Länge nach halbieren. Die Schnittfläche mit einem Messer mehrmals einstechen. Mit der Schnittfläche nach unten auf ein mit Backpapier ausgelegtes Backblech legen. In den kalten Ofen schieben und bei 180 °C 50 Min. backen.

Auberginen etwas abkühlen lassen. Das Fruchtfleisch mit einem Löffel aus der Schale kratzen und klein schneiden. Etwa die Hälfte der Schale ebenfalls klein schneiden.

Zwiebel und Knoblauch schälen und fein hacken. Petersilie fein hacken.

1 EL Olivenöl in einer Pfanne erhitzen und darin Zwiebel und Knoblauch 1–2 Min. andünsten. Essig, Zitronensaft, 2 EL Olivenöl und Petersilie zu den gehackten Auberginen geben und gut mischen. Mit Kreuzkümmel, Pfeffer und Salz abschmecken. Mindestens 1 Std. ziehen lassen.

AUBERGINEN *kaviar*

Aprikosen CHUTNEY

500 g *frische Aprikosen*
5 *Kirschtomaten*
20 g *frischer Ingwer*
3 Kapseln *schwarzer Kardamom*
15 *schwarze Pfefferkörner*
3 *Nelken*
3 *Pimentkörner*
1 TL *braune Senfsamen*
1 TL *Koriandersamen*
1 TL *Kreuzkümmelsamen*
1 *getrocknete rote Chilischote*
150 g *Zucker*
60 ml *Wasser*
50 ml *Weißwein- oder Apfelessig*
1 TL *Salz*

Aprikosen entkernen und vierteln. Tomaten ebenfalls vierteln. Ingwer schälen und fein reiben.

Alle Gewürze in einen mittelgroßen Topf geben und leicht rösten, bis sie kräftig duften und leicht gebräunt sind.

Aprikosen, Tomaten, Zucker, Wasser und Essig sowie Ingwer und Salz dazugeben, Deckel auflegen und 10 Min. auf höchster Stufe kochen. Dann die Temperatur etwas reduzieren und ohne Deckel weitere 20 Min. köcheln lassen, bis das Chutney eingedickt ist. In sterile Gläser füllen, abkühlen lassen und im Kühlschrank aufbewahren.

etwa 500 ml
ca. 45 Min.

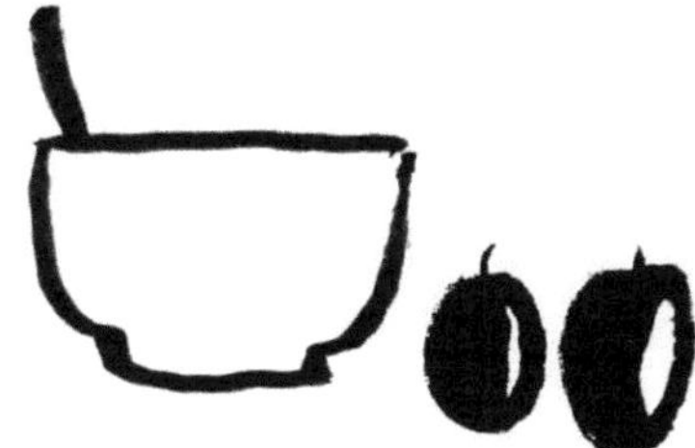

1 *rote Paprika (200 g)*
100 g *rote Zwiebeln*
600 g *gelbe Pflaumen*
1 *rote Chili*
2 TL *frischer Thymian*
2 TL *Öl*
70 ml *Balsamico bianco*
250 g *Zucker*
Salz und Pfeffer

Paprikaschote und Zwiebeln fein würfeln. Pflaumen entsteinen und fein würfeln. Chilis entkernen und die weißen Häutchen entfernen, sehr fein hacken. Wer es scharf mag, kann die Kerne mitverwenden. Thymiannadeln fein hacken.

Etwas Öl in einem großen Topf erhitzen und Paprika und Zwiebeln darin glasig dünsten. Pflaumen, Chili, Thymian und Essig zugeben und mit dem Zucker gut verrühren. Unter Rühren bei starker Hitze zum Kochen bringen und 15 Min. bei mittlerer Hitze kochen lassen. Das Chutney mit Pfeffer und ca. 1 TL Salz abschmecken.

Sofort heiß in ausgekochte Gläser füllen, verschließen und die Gläser umgedreht abkühlen lassen.

PFLAUMEN-PAPRIKA-CHUTNEY

Apfelchutney

400 g *säuerliche Äpfel*
50 g *frischer Ingwer*
100 g *rote Zwiebeln*
1 *rote Chilischote*
100 g *Zucker*
250 ml *Apfelessig*
100 ml *Apfelsaft*

Äpfel schälen, vierteln, Kerngehäuse entfernen und das Fruchtfleisch würfeln. Den Ingwer ebenfalls schälen und in dünne Scheiben schneiden oder fein hacken. Zwiebeln in ca. 1 cm große Würfel schneiden. Die Chilischote in Ringe schneiden und die weißen Häute und Kerne entfernen.

Den Zucker mit 250 ml Essig und Apfelsaft aufkochen, Ingwer, Zwiebeln, Chili und Äpfel hineingeben. 10 Min. mit Deckel auf hoher Stufe kochen. Dann die Temperatur etwas reduzieren und ohne Deckel weitere 20 Min. köcheln lassen, bis das Chutney eingedickt ist. Mit dem restlichen Essig abschmecken.

Heiß in ausgekochte Vorratsgläser füllen, die Gläser umgedreht abkühlen lassen. Einige Monate haltbar.

KIRSCHCHUTNEY

500 g *Sauerkirschen*
150 g *rote Zwiebeln*
20 g *frischer Ingwer*
1 *rote Chilischote*
150 ml *Portwein*
50 ml *Essig*
75 g *Zucker*
2 *Lorbeerblätter*
½ EL *Piment, gemahlen*
1 EL *braune Senfsaat*
1 EL *Koriandersaat*
Olivenöl

Kirschen entsteinen. Zwiebeln in ca. 1 cm große Würfel schneiden. Ingwer schälen und fein reiben. Die Chilischote in Ringe schneiden und die weißen Häute und Kerne entfernen.

Etwas Öl in einem großen Topf erhitzen und Zwiebeln darin glasig dünsten. Kirschen und Ingwer sowie Portwein, Essig, Zucker, Lorbeer, Piment, Senfsaat und Koriandersaat dazugeben, vermengen und bei mittlerer Hitze 20–30 Min. einkochen, dabei öfter umrühren.

Das Chutney sofort in ausgekochte Einmachgläser füllen und verschließen, die Gläser umgedreht abkühlen lassen. Einige Monate haltbar.

VEGANE Remoulade

50 ml *zimmerwarme Sojamilch*
1 TL *Weißwein- oder Apfelessig*
1 EL *mittelscharfer Senf*
100 ml *Rapsöl*
3 EL *krause Petersilie*
3 EL *Schnittlauch*
2 EL *frischer Estragon*
1 TL *Dillspitzen*
1 *Saure Gurke*
Salz und Pfeffer

Sojamilch und Essig in ein hohes Gefäß geben. Mit einem Stabmixer auf höchster Stufe vermixen und langsam das Öl in einem dünnen Strahl von der Seite her einfließen lassen. Solange mixen, bis eine homogene, feste Mayonnaise entstanden ist. Wenn sie nicht fest wird, zusätzlich etwas Öl hinzugeben.

Saure Gurke und Kräuter fein hacken. Senf, Gurke und Kräuter mit der Creme verrühren, mit Salz und Pfeffer würzen und bis zum Servieren kaltstellen.

Pumpernickeltaler

MIT BOHNENPASTE

75 g	*weiße Bohnen*
1	*Knoblauchzehe*
1	*Schalotte*
½ TL	*Paprika rosenscharf*
¼ TL	*Garam Masala*
½ TL	*Curry*
½ TL	*Cumin*
1 EL	*Sesam*
1 TL	*Agavendicksaft*
1 EL	*Tahin*
1 EL	*Sesamöl*
2 Rollen	*Pumpernickel-Taler*
	Öl
	Salz und Pfeffer
	Chilipulver nach Belieben

Weiße Bohnen mindestens 12 Stunden in reichlich Wasser einweichen. Einweichwasser durch frisches ersetzen und Bohnen 50–60 Min. kochen, bis sie gar sind.

In der Zwischenzeit Knoblauch und Schalotte fein hacken und in etwas Öl anbraten. Chili und die restlichen Gewürze dazugeben und kurz mitbraten. Sesam ohne Fett rösten und beiseitestellen.

Die Bohnen abgießen, dabei eine Tasse vom Wasser zurückbehalten.

Schalotten-Gewürz-Mischung mit Agavendicksaft, Tahin, Sesamöl und einigen TL des Bohnenwassers pürieren, bis eine glatte Masse entsteht. Kräftig mit Salz und Pfeffer abschmecken, Sesam dazugeben und unterheben.

Zum Servieren zwischen je zwei Pumpernickelscheiben etwas von der Bohnenpaste geben. Zur Dekoration können Trauben oder Radieschen mit Spießchen auf die Taler gesteckt werden.

VARIANTE: VEGANE LEBERWURST

1 Dose Kidneybohnen in einem Sieb mit klarem Wasser abspülen. 2 mittelgroße Zwiebeln schälen und in grobe Stücke schneiden. Mit etwas Öl in einer Pfanne leicht andünsten, dann die Kidneybohnen dazugeben. Leicht anbraten und 1 TL Salz, 4 TL Majoran und 1 TL Pfeffer hinzugeben und zusammen anrösten. In eine Schüssel geben, 100 g kleingeschnittenen Räuchertofu sowie 1 TL Paprikapulver dazugeben. Mit einem Mixer pürieren, bis eine homogene Masse entsteht.

etwa 30 Stück
ca. 30 Minuten
(+ 13 Std. Einweich- und Kochzeit)

100 g	*Reiswaffeln*
1	*mittelgroße Zwiebel*
4 EL	*Tomatenmark*
250 ml	*heißes Wasser*
5 EL	*Gewürzgurken-Sud*
50 ml	*Öl*
5	*Brötchen*
2	*mittelgroße Zwiebeln*
	Salz
	Pfeffer aus der Mühle

Die Reiswaffeln mit den Händen zerbröseln.
Die Zwiebel schälen, sehr fein würfeln und zu den Reiswaffeln geben.

Das Tomatenmark in heißem Wasser auflösen, den Gurkensud und das Öl hinzugeben und über die Reiswaffelmischung gießen. Gründlich unterrühren und das »Mett« mit Salz und Pfeffer abschmecken. Mindestens 4 Stunden im Kühlschrank durchziehen lassen.

Brötchen aufschneiden, jede Hälfte dick mit Mett bestreichen, mit frischen Zwiebelringen oder Zwiebelwürfeln belegt servieren.

für 10 Brötchenhälften
ca. 20 Min. (+ 4 Std. Ziehzeit)

Register

Schon Band 1 und Band 2 aus unserer Reihe »Gemüse ist mein Fleisch« gesehen?

»Vegetarisch grillen« überzeugt nicht nur eingefleischte Vegetarier:
Mit 50 zumeist einfachen, aber originellen Rezepten für die Grillsaison, die zeigen, dass vegetarische Köstlichkeiten mehr kulinarische Vielfalt auf die Grillroste bringen.

Am besten gleich für's nächste Grillfest bestellen!

Gemüse ist mein Fleisch – Vegetarisch grillen
7,80 € [D]
ISBN 978-3-941556-07-2

»Das Seitan-Kochbuch« versammelt die ganze Breite der nationalen und internationalen Festküche – fleischfrei interpretiert.
Die wichtigste Zutat dazu ist rein pflanzliches SEITAN, das in Aussehen, Konsistenz und auch Geschmack dem Fleisch ähnelt.
Es eignet sich daher hervorragend, um traditionell fleischbasierte Gerichte vegetarisch oder vegan zuzubereiten.

Am besten für's nächste Festessen bestellen!

Das Seitan-Kochbuch – Gemüse ist mein Fleisch 2
7,80 € [D]
ISBN 978-3-941556-02-7